Alexander Kaden

Untersuchung der Auswirkungen des strategischen IT-Business-Alignment auf die Gestaltung der IT-Architektur

Kaden, Alexander: Untersuchung der Auswirkungen des strategischen IT-Business-Alignment auf die Gestaltung der IT-Architektur. Hamburg, Bachelor + Master Publishing 2015
Originaltitel der Abschlussarbeit: Untersuchung der Auswirkungen des strategischen IT-Business-Alignment auf die Gestaltung der IT-Architektur

Buch-ISBN: 978-3-95820-256-6
PDF-eBook-ISBN: 978-3-95820-756-1
Druck/Herstellung: Bachelor + Master Publishing, Hamburg, 2015
Covermotiv: © Kobes · Fotolia.com
Zugl. Otto-Friedrich-Universität Bamberg, Bamberg, Deutschland, Bachelorarbeit, 2011

Bibliografische Information der Deutschen Nationalbibliothek:
Die Deutsche Nationalbibliothek verzeichnet diese Publikation in der Deutschen Nationalbibliografie; detaillierte bibliografische Daten sind im Internet über http://dnb.d-nb.de abrufbar.

© Bachelor + Master Publishing, Imprint der Diplomica Verlag GmbH
Hermannstal 119k, 22119 Hamburg
http://www.diplomica-verlag.de, Hamburg 2015
Printed in Germany

Inhaltsverzeichnis

Abbildungsverzeichnis

Tabellenverzeichnis

Abkürzungsverzeichnis

API:	Application Programming Interface
ERP:	Enterprise Resource Planning
CRM:	Customer Relationship Management
RPC:	Remote Procedure Call
VM:	Virtual Machine
IS:	Information System
SOA:	Serviceorientierte Architektur
SAM:	Strategic Alignment Model

1 Problemstellung

Das Thema „IT-Business-Alignment" zählt seit Jahren zu den Top-Aufgabenstellungen für die Verantwortlichen auf IT- und Fachseite. Deutlich wird dies, wenn man hierfür die jährliche Studie „Top 10 IT Management Concerns" von Luftman und Ben-Zvi (2010) betrachtet. Hierin ist das Thema „IT and Business Alignment" seit 2003 entweder auf Platz 1 oder wie auch zuletzt, aktuell für 2009, auf den zweiten Platz gesetzt worden. Wichtiger für die Unternehmen ist nur noch das Thema „Business Productivity and Cost Reduction" aufgrund der Wirtschaftskrise gewesen. Was aber umfasst der Begriff des Alignment alles? Und worin liegt die Brisanz des Themas vor dem Hintergrund folgender Aussage?

"But for every success story about IT, one can find a counterexample. Despite its critical role, to many companies, IT is still a necessary evil." [HuangHu2007 S.173]

Die Ursache für diese große Streuung des Geschäftswertbeitrags der IT liegt in der Abstimmung zwischen IT und Fachbereiche [Chan2007], oder eben anders gesagt, am IT-Business-Alignment. Gerade diese Wirkung aber auch die anderen Effekte des Alignments sind seit über 30 Jahren ein wichtiges Forschungsgebiet der Wirtschaftsinformatik. Aus dieser Forschungstradition heraus ist der heutige Stand, dass Alignment viele verschiedene Facetten aufweist, was wiederum zu einem komplexen Wirkungsgeflecht bezogen auf die Performance der Unternehmen führt. [Chan2007]

Auf der anderen Seite steht die IT-Architektur in den Unternehmen, deren Wertschätzung und Design-Paradigmen sich in den letzten Jahren ebenfalls gewandelt haben. Der Blick auf die IT-Architektur hat sich von einem reinen „Stadtplan" [Ross2003] der IT-Infrastruktur hin zum Rückgrat des Unternehmens („Foundation of Execution") [Ross2006] entwickelt. Am Ende der Paradigma-Evolution steht im Moment die serviceorientierte Architektur (SOA), welche aber gerade in der Anfangszeit oft nur als „Buzzword" von Beratungsfirmen und Softwareherstellern missbraucht wurde. [KaczmarekWecel2008] Mittlerweile ist der große Hype um SOA vorüber und die Produktivität der Produkte in diesem Bereich steigt, was auch der Gartner's Hype Cycle for Emerging Technologies aus 2010 zeigt. Hierauf ist SOA nicht mehr zu finden, nach dem es das Jahr zuvor noch im „Slope of Enlightenment" (Anstieg der Aufklärung) vertreten war.

Worin liegt nun die Motivation diese Thematik der IT-Architektur beziehungsweise diese zusammen mit den Wirkungsbeziehungen des Alignments aufzugreifen? Gerade das strategische Alignment war bis vor ein paar Jahren der Schwerpunkt in der Alignment-Betrachtung. Dadurch entstanden zahlreiche Modelle wie das Strategic Alignment Model (SAM) nach Henderson und Venkatraman (1999). Mit einem Blick auf das SAM, das versucht, die verschiedenen Möglichkeiten zur Erreichung des strategischen Alignments aufzuzeigen, lässt sich ebenfalls die IT-Architektur als Bestandteil finden. Es gibt zwar Untersuchung anhand des SAM unter anderem von Avison et al. (2004), jedoch widmet sich keine davon der konkreten Ausprägung der IT-Architekturen in den Unternehmen, wenn ein hohes oder niedriges Alignment vorliegt.

Mit dieser Bachelor-Thesis soll nun dieser Teilaspekt der Alignment-Forschung erarbeitet werden. Dabei richtet sich der Focus auf die Auswirkungen des IT-Business-Alignment, im speziellen des strategischen Alignments, auf die Gestaltung der IT-Architektur im Unternehmen. Hierbei wird das gemessene Ausmaß an Alignment innerhalb der Firmen mit den Eigenschaften ihrer IT-Architekturen verglichen und versucht Zusammenhänge aufzudecken.

Hierzu gliedert sich das weitere Vorgehen wie folgt: Ausgehend von der Betrachtung der Literatur zu den beiden Kernthemen IT-Architektur und IT-Business-Alignment in Kapitel 2, werden in Kapitel 3 die eigentlichen Ergebnisse der Untersuchung vorgestellt. Bevor dann in Kapitel 4 die Ergebnisse noch bewertet und den Erkenntnissen aus Kapitel 2 gegenübergestellt werden.

2 Wissensstand

Ziel dieses Kapitels ist es, die Definitionen für die zwei Kernbereiche in der Forschungsfrage „IT-Architektur" und „strategisches IT-Business-Alignment" festzuhalten und den Stand der Forschung und der Praxis in diesen Bereichen darzulegen. Im Folgenden geht die Thesis zunächst auf die IT-Architektur und, neben den grundlegenden Definitionen und Charakteristika der verschiedenen Ansätze, auch auf die Technologie-Historie des SOA-Ansatzes ein.

2.1 IT-Architekturen

Wenn man sich mit dem Thema der IT-Architektur beschäftigt, wird deutlich, dass in der Literatur vor allem immer zwei Definitionen heran gezogen werden. Laut der Ersten von Venkatesh und Bates (2007) bezeichnet man damit „die Gestaltung der IT-Infrastruktur im Zusammenspiel mit den Geschäftsprozessfähigkeiten einer Organisation, um dem Bedarf eines Unternehmens an

- IT
- Geschäftsprozessintegration
- Geschäftsprozessstandardisierung

gerecht zu werden." [VenkateshBates2007] Die zweite Definition stammt von Ross (2003), die sagt, dass die IT-Architektur „die Übersichtlichkeit und den organisationalen Konsens in den Bereichen Technologie-, Daten-und Prozessstandards [beschreibt]. Sie liefert einen Fahrplan zur Einführung von Technologie-, Daten-und Prozessstandards und hilft dadurch, geschäftsstrategische Ziele zu erreichen und den Geschäftsnutzen zu maximieren." [Ross 2003] Ross führt in diesem Artikel auch die „Stadtplan-Metapher" an, nach der die IT-Architektur „eine Art Stadtplan" ist, der alle „Policies und Standards für den Entwurf von Infrastrukturtechnologien, Datenbanken und Anwendungen" bis ins Detail enthält. Sie gibt aber auch sofort zu verstehen, dass diese Sichtweise nicht das „strategische Potenzial einer unternehmensweiten IT-Architektur" adressiert. [vgl. Ross2003 S.32]

Ein weiterer interessanter Ansatz zur Beschreibung der IT-Architektur stammt wiederum von Ross aus dem Jahr 2006. In ihrem Buch „Enterprise architecture as strategy: Creating a foundation for business execution" beschreibt sie die IT-Architektur als eine Art Fundament, auf dem man das Geschäft überhaupt erst und auch langfristig ausführen kann. [vgl. Ross2006 S.3 f.] Genauer definiert sie dabei die „Foundation of Execution" als „die IT-Infrastruktur und die digitalisierten Geschäfts-prozesse, die die Kernkompetenzen einer Firma automatisieren." [Ross2006 S.4] Dieser Fundament-Metapher zu folge bedeutet es, dass heutzutage kaum ein Unternehmen ohne eine IT-Architektur längerfris-tig lebensfähig ist.

Im Folgenden soll es um die Ausgestaltung der Architektur auf konzep-tioneller Ebene gehen und vor allem darum, welche Ansätze in der Pra-xis verwendet werden, um eine unternehmensweite einheitliche IT-Architektur zu realisieren. In diesem Zusammenhang werden zunächst die Grundlagen wie das Modell der IT-Architekturstufen, Integration und deren Topologie sowie dem abstrakten Ansatz der Enterprise Applikati-on Integration (EAI) dargestellt. Danach sollen die verschiedenen Archi-tekturansätze anhand ihrer Charakteristika beschrieben und miteinan-der verglichen werden, bevor im letzten Teil für den serviceorientierten Architekturansatz die historische Entwicklung von Standards und Marktangebot betrachtet wird.

2.1.1 Grundlagen

2.1.1.1 IT-Architekturstufen

Das Konzept der 4 Reifestufen einer unternehmensweiten IT-Architektur Kompetenz stammt aus dem MISQE-Artikel „Creating a strategic IT architecture competency: Learning in stages" von Ross aus dem Jahr 2003. Ausgehend von der initialen Stufe „Application Silos" kann diese Kompetenz über die zwei Stufen „standardisierte Technolo-gien" und „rationalisierte Daten und Prozesse" bis hin zur letzten Archi-tekturstufe entwickelt werden, der „modularen Architektur". Dabei bringt jeder dieser Reifegrade bestimmte Vor- und Nachteile mit sich.

Im ersten Fall der „Application Silos" gibt es noch keine unternehmens-weite Gesamtarchitektur. Für die Firmen in dieser Stufe ist es nur wich-tig, die bestmögliche Lösung auf einer bestimmten Technologieplatt-form für einen speziellen Bedarfsfall zu finden. [Ross2003] Dies führt in der Gesamtsicht zu einer hohen Heterogenität der Anwendungssyste-me und Daten im Unternehmen. Zwar bringt diese Stufe Vorteile wie lokale Optimierung, geförderte Innovation und Messbarkeit des Nutzens [Ross2003] mit sich, jedoch überwiegen die Nachteile, die sich aus der Heterogenität ergeben. Ross bringt es hierbei auf den Punkt: „The ap-plications become as much a burden as a blessing." [Ross2003 S.35] Mit zunehmender Anzahl der Applikationen wird es immer schwieriger, diese in die bestehende Landschaft einzubinden oder überhaupt Daten innerhalb des Unternehmens abteilungsübergreifend auszutauschen. Bei einem Blick auf die unüberschaubare Komplexität dürfte den IT-Verantwortlichen einiger Firmen nur Eines in den Sinn kommen: „[…] it's a miracle our systems work." [Ross2003 S.35]

Der erste Schritt aus diesem „Wunder der Komplexität" ist die Erreichung der nächsten Architekturstufe „standardisierte Technologien". Unternehmen, die sich auf dieser Stufe befinden, haben unternehmensweite verbindliche Technologiestandards festgelegt, um die Technologiewahl von vornherein zu beschränken und die Anzahl der zu verwaltenden Systeme zu reduzieren. [Ross2003] Ziel ist es dabei vor allem, die Komplexität zu verringern und die Effizienz der Systeme zu erhöhen. In dieser Stufe bestehen zwar noch einzelne, getrennte Applikationen für die jeweiligen Aufgaben oder Prozesse in den Unternehmen, diese basieren jetzt jedoch auf den zuvor festgelegten Technologie- und Infrastrukturstandards. Grundsätzlich ändert sich in dieser Stufe die Vorgehensweise bei der Suche nach einer Problemlösung: „Instead of defining the solution and looking for the best technology, firms in this stage negotiate the best possible solution among the acceptable technology platforms." [Ross2003 S.36] Das Hauptproblem bei der Einführung dieser Standards sieht Ross in dem Widerstand der Fachseite, sich den „top-down" bestimmter Restriktionen bei der Auswahl zu unterwerfen.

Die nächste Reifegradstufe „rationalisierte Daten" bedeutet die Erweiterung der unternehmensweiten IT-Architektur um Daten- und Prozessstandards. In der Praxis werden hier abteilungsübergreifende Applikationen eingeführt, die die standardisierten Geschäftsprozesse des Kerngeschäfts unterstützen. Als Beispiele führt Ross (2003) die weitverbreiteten ERP-Lösungen in den Unternehmen, CRM-Systeme oder eine generelle Middleware im Unternehmen an. „These tools also make data available to the applications that need it." [Ross2003 S.37] Damit werden in dieser Stufe die Silos aufgebrochen und vor allem die unnötige Redundanz von Daten behoben, die zu deren Inkonsistenz führt. Ein weiterer Vorteil dieses Reifegrades ist die Effizienz der Kerngeschäftsprozesse. Diese werden hierbei in der IT zum Beispiel in Form von vordefinierten und überwachten Workflows abgebildet und somit soweit wie möglich auch automatisiert. Andererseits gibt es aber gewisse Risiken bei der Erreichung dieser Stufe. Ross führt hierzu auf: „Extracting data from a firm's legacy applications is a nontrivial technical challenge" [Ross2003 S.38] und „A second risk is an implementation risk. A rationalized data architecture requires disciplined processes and a strong central organization." [Ross2003 S.39] Ein Risiko ist somit die technische Herausforderung, die Legacy-Systeme im Nachhinein in die neue unternehmensweite Architektur einzubinden. Ein Anderes ist die organisationale Problemstellung, der sich eine IT-Architektur stellen muss. Ein Beispiel für eine solche Problemstellung ist der gesamte Prozess der Geschäftsprozessstandardisierung.

Der letzte Reifegrad ist nach Ross die „modulare Architektur". Die IT-Architektur besteht zum einen aus unternehmensweiten Standards für Daten und Technologiekomponenten. Zum anderen tragen die Applikationen in dieser Stufe zu einer „strategische[n] Agilität" [Ross2003 S.39] bei, weil sie nun aus wiederverwendbaren Modulen bestehen, die an die speziellen Bedürfnisse in den Abteilungen angepasst werden können. Dabei werden die globalen Standards gewahrt und gleichzeitig lokale Unterschiede in den einzelnen Geschäftsbereichen und Funktionseinheiten ermöglicht. Die Vorteile, die Firmen mit einer modularen Architektur haben, sind zum einen, die „Vorhersagbarkeit von Kernprozessen", die die Wertschätzung durch den Kunden erhöhen. Zum anderen gewährleistet die lokale Anpassungsfähigkeit, Innovation und Rücksicht auf spezielle Kundenbedürfnisse. Das Risiko dieser letzten Ausbaustufe sieht Ross aber ebenfalls genau in diesem Punkt: „But without a solid process base, modules run the risk of also restoring the anarchy of hundreds of unmanaged applications." [Ross2003 S.40] Dies würde somit einen Rückfall in eine Architektur mit vielen Silos bedeuten.

Abschließend sei noch gesagt, dass gerade größere Unternehmen komplexere Architekturen besitzen, deren Bestandteile sich auf unterschiedlichen Reifegradstufen befinden können. Ross (2003) merkt hierzu an, dass sich in der Studie kein Unternehmen auf der vierten Stufe befunden hat und es sogar nur wenige gibt, die nahe dran sind.

2.1.1.2 Integration und ihre Topologien

Eine der im vorangegangenen Abschnitt festgestellten Problemstellungen einer unternehmensweiten Architektur ist die Ex-post-Integration von Daten und Legacy-Systemen. Kaib (2002) zählt Integration aufgrund der nachfolgenden Feststellung zu den zentralen Begriffen in der Wirtschaftsinformatik:

„Das ‚Ganze', das es bei der Integration betrieblicher Anwendungssysteme wiederherzustellen gilt, ist die betriebliche Realität, die durch die Summe der Anwendungssysteme mit ihren Schnittstellen korrekt abgebildet werden soll. Damit soll den negativen Folgen der durch Arbeitstei-lung und Spezialisierung herbeigeführten Funktions-, Prozess- und Ab-teilungsgrenzen entgegengewirkt werden." [Kaib2002 S.10]

Im Weiteren sieht Kaib den Grund für einen wachsenden Integrations-bedarf in „der zunehmenden Automatisierung betrieblicher Aufgaben durch Anwendungssysteme […]. Entsprechend wurden Konzepte einer integrierten Informationsverarbeitung in Unternehmen entwickelt und in zunehmendem Maße umgesetzt." [Kaib 2002 S.54] Diese Konzepte gilt es, in den folgenden Absätzen und Kapiteln genauer zu betrachten und ihre Charakteristika herauszustellen.

Grundsätzlich lässt sich die Integration von Systemen in drei Topolo-gien unterscheiden: die einfache Punkt-zu-Punkt Integration [Kaib2002, AierWinter2009], die Hub&Spoke Integration [Kaib2002, AierWin-ter2009] und die Integration mit Hilfe eines Buses [Kaib2002].

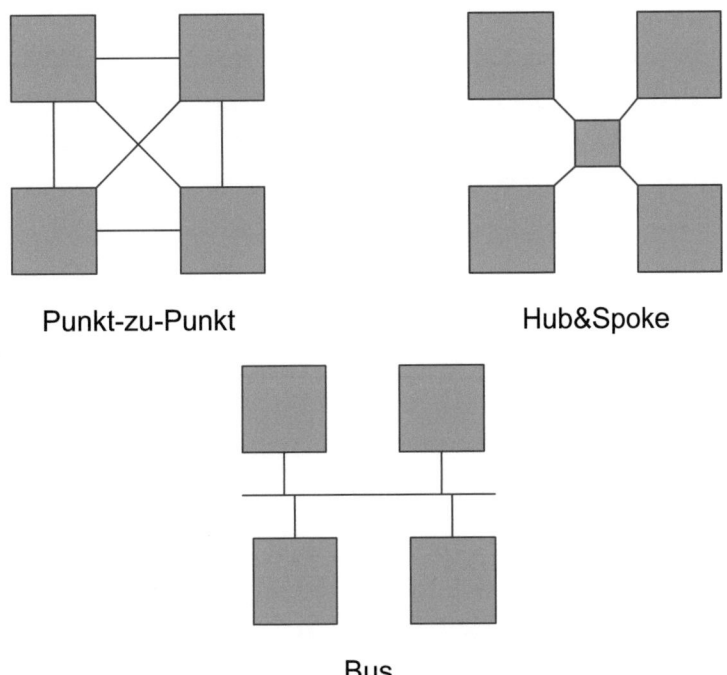

Punkt-zu-Punkt   Hub&Spoke

Bus

Tabelle 2.1-1 Übersicht Topologien

Zunächst liegt es nahe, zwei Anwendungen über eine Punkt-zu-Punkt Verbindung miteinander zu verknüpfen, um einen akuten Integrations-bedarf zu decken. Hierfür werden für jede „Seite" der Verbindung APIs entwickelt und bereitgestellt, so dass die andere Seite über diese auf Funktionen oder Daten zugreifen kann. Aber mit "zunehmender Anzahl von Verknüpfungen, zunehmender Komplexität der zu verknüpfenden Artefakt-Strukturen und zunehmender Änderungsdynamik des Gesamtsystems werden direkte Punkt-zu-Punkt-Zuordnungen immer ineffizienter." [AierWinter2009 S.176]

Als Lösung für dieses Komplexitätsproblem wird bei der Hub&Spoke Topologie eine zentrale Integrationsinstanz, der „Hub" oder auch „Broker", eingeführt. Jede Anwendung braucht dabei nur noch einen Adapter, der sie mit dem Hub verbindet. Dadurch werden die zuvor häufigen und komplexen Punkt-zu-Punkt Verbindungen durch wesentlich weniger Adapter ersetzt. [AierWinter2009] Allerdings bildet diese zentrale Instanz ein gewisses Risiko als „Bottle Neck": Sobald diese ausfällt sind alle Systeme wieder isoliert. Aber auch ohne diesen „Worst-Case" kann es zu Performance Problemen kommen, da der Broker zunächst den Adressaten jeder einzelnen Nachricht auslesen muss, um diese weiterschicken zu können.

Die letzte Variante für einen Integrationsansatz bildet die Bus-Topologie. Sie wird, ähnlich der Hub&Spoke Topologie, technisch ebenfalls mit Brokern umgesetzt. Hierbei ist aber der entscheidende Unterschied die Art und Weise, wie die Nachrichten oder Daten an andere Teile des Systems geschickt werden. Anstatt mit einem bestimmten Adressaten, werden die Nachrichten über Publish/Subscribe-Mechanismen verbreitet. Das bedeutet der „Sender" schickt die Nachricht in den Bus und jede andere Anwendung im System, für die diese Information wichtig ist, liest sich die Nachricht aus. Somit wird der Broker entlastet, indem er jede ihm bekannte Anwendung über die neue Nachricht informiert und dann darauf wartet, bis sich die relevanten Anwendungen diese Nachricht bei ihm abholen.

Nach einer abschließenden kritischen Betrachtung ist die Bus-Topologie am besten für große IT-Architekturen mit vielen einzelnen zu integrierenden Anwendungen geeignet. Hierbei braucht jede Anwendung nur den Broker zu kennen, sich bei ihm selbst zu „registrieren" und eventuelle Nachrichten an ihn zu schicken. Das ist zwar auch schon größtenteils mit der Hub&Spoke Topologie abgedeckt, nur kommt im Fall des Buses noch die oben genannte Entlastung des Brokers hinzu. Ein weiterer Vorteil liegt zudem in der weitgehenden losen Kopplung der Systemteile aufgrund der Publish/Subscribe-Mechanismen.

2.1.1.3 Enterprise Application Integration

Bei der Integration von Anwendungssystemen gibt es viele verschiedene Ansätze. Dabei bezeichnet Kaib (2002) die Enterprise Application

Integration als einen „umfassende[n] Ansatz zur Anwendungsintegrati-on innerhalb eines Unternehmens und über Unternehmensgrenzen hinweg. Dieser erlaubt nicht nur die Kommunikation zwischen ver-schiedenen Systemen und Anwendungen in einer heterogenen Sys-temlandschaft, sondern unterstützt auch die operative Integration von Geschäftsprozessen." [Kaib2002 S.81]

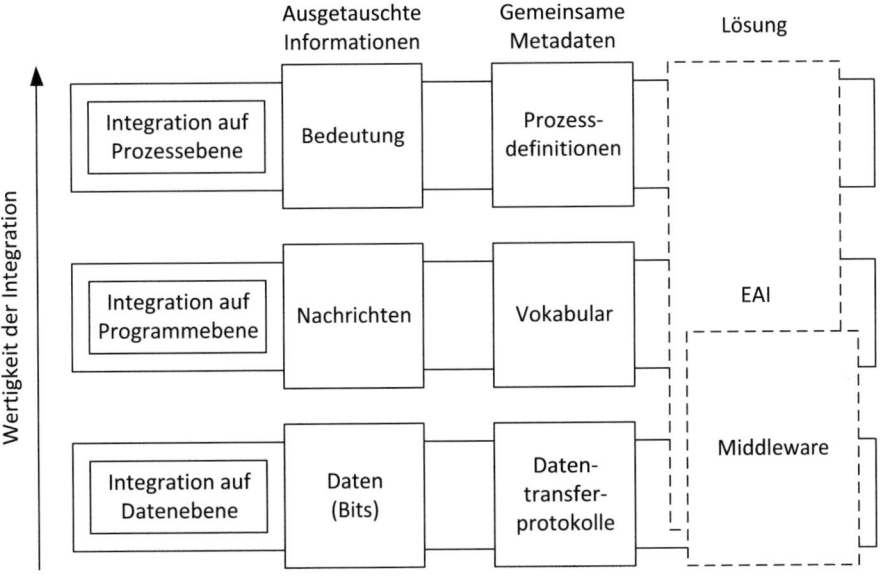

Abbildung 2.1-1 Übersicht EAI vgl. Kaib(2002) S.79

Wie auch in der Abbildung 2.1-1 zu sehen ist, verfolgt dieser Ansatz nicht nur die reine Daten- und Anwendungsintegration, sondern gilt es dabei auch die zugrunde liegenden Geschäftsprozesse mit einander zu verbinden. Kaib schreibt hierzu, dass „das Ziel von EAI in der durch-gängig automatisierten Unterstützung von Geschäftsprozessen [liegt]." [Kaib2002 S.80] Ein weiteres Ziel des EAI-Ansatzes ist die gesamte Integration „mit minimalen oder gar keinen Veränderungen an den exis-tierenden Anwendungen oder Daten zu ermöglichen." [Kaib2002 S.81] Dafür sind spezielle Adapter für die bestehenden Softwarekomponen-ten notwendig, die diese mit einer zentralen Integrationsplattform ver-binden.

Nach Kaib (2002) besteht eine EAI-Lösung im Grunde aus 6 Kompo-nenten, wie es in Abbildung 2.1-2 zu sehen ist. Im Folgenden soll nun kurz auf die einzelnen Bestandteile eingegangen werden, wobei die rein physische Netzwerkverbindung als Grundvoraussetzung für Integration angesehen und deswegen nicht genauer betrachtet wird.

9

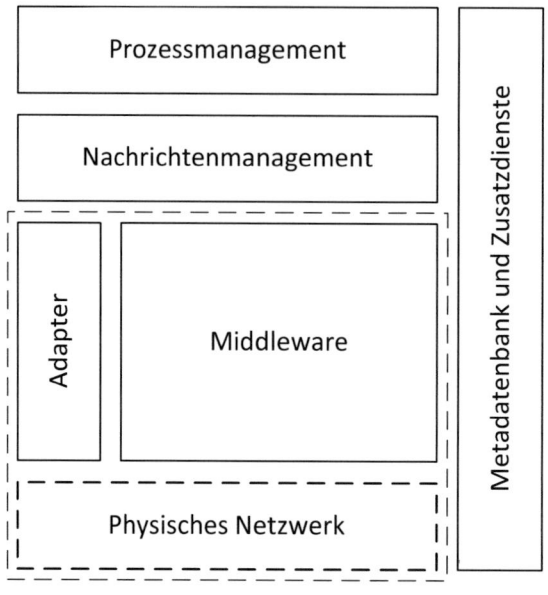

Abbildung 2.1-2 EAI-Bestandteile vgl. Kaib(2002) S.100

Die Bestandteile Middleware und Adapter sind weitere Grundbausteine für eine Integrationslösung, denn nur mit deren Hilfe kann die Technologie-Heterogenität auf der Betriebssystem- und Applikationsebene überwunden werden. Gerade darin liegt die Hauptherausforderung bei den Adaptern. Da bei dem EAI-Ansatz bestehende Systeme gar nicht oder nur kaum geändert werden sollen, können die Adapter fast ausschließlich nur die bestehende API dieser Systeme nutzen. Kaib unterscheidet dabei noch in „thin adapters", die die Funktionen der API standardisiert nach außen weitergeben, und „thick adapters" [Kaib2002 S.101], die zusätzlich zum Beispiel noch eine „Transformation der Daten" [Kaib2002 S.101] vornehmen.

Die Middleware-Schicht bildet zu den Adaptern den „Kleber", der alles zusammen bringt: „Diese Softwareschicht stellt auf Basis standardisierter Schnittstellen und Protokolle Dienste für eine transparente Kommunikation verschiedener Komponenten in einem heterogenen und verteilten Umfeld zur Verfügung." [Kaib2002 S.102] Dabei gibt es verschiedene Arten und Ansätze, wie eine solche Middleware aufgebaut ist. Die genaue Betrachtung der einzelnen Ansätze und deren Charakteristika erfolgt im Kapitel 2.1.2.

Wenn es nicht schon mit einer Middleware abgedeckt wird, ist ein zusätzliches Nachrichtenmanagement nötig, um eine Verbindung auf semantischer Ebene mit Transformations- und Synchronisationsdiensten herzustellen [Kaib2002]. Transformationsdienste nehmen dabei zum Beispiel „Anpassung an unterschiedliche Datenbankschemata" vor und

Synchronisationsdienste werden notwendig um zum Beispiel Transaktionen, die das gesamte integrierte System betreffen, erst zu ermöglichen.

Wie auch in der Abbildung 2.1-1 zu sehen ist geht nach Kaib eine EAI-Lösung über die reine Daten- und Programmintegration hinaus und versucht auch auf der Geschäftsprozessebene eine Integration zu ermöglichen. Hierbei kommt nun die Komponente des Prozessmanagement ins Spiel und bildet damit auch die Abgrenzung zu dem reinen Middleware-basierten Integrationsansatz. [Kaib2002] Hauptaufgabe des Prozessmanagements ist die Definition und Steuerung „komplexer Transaktionen basierend auf den entsprechenden Geschäftsprozessen [...]." [Kaib2002 S.119] In der Praxis ist dies eher unter dem Begriff „Workflow" oder die Komponenete betreffend „Workflow-Management" bekannt. Hauptziel des Prozess- oder Workflow-Managements ist ein möglichst hoher Grad an Automatisierung der Geschäftsprozesse und somit auch verkürzte Durchlaufzeiten. Kaib sieht, neben Definiton und Streuerung, noch eine weitere dritte grundlegende Funktion des Prozessmanagements, die Prozesskontrolle.

Die Letzte der sechs Komponenten ist die Metadatenbank und die Zusatzdienste in einer EAI-Lösung. Die Datenbank „beinhaltet Informationen über die integrierten Komponenten sowie über ihre Integrationsbeziehungen" [Kaib2002 S.121] wie zum Beispiel die physische Verteilung der Komponenten. Als Beispiele für die Zusatzdienste führt Kaib „Funktionalitäten zum Systemmanagement und zur Sicherheit sowie Tools zur Entwicklungsunterstützung" [Kaib2002 S.121f] auf.

Da das konkrete Produktportfolio der Anbieter von EAI-Lösungen meist von diesen theoretischen Komponenten abweicht, bieten Gorton und Liu (2004) eine Übersicht für die allgemeine praktische Umsetzung zu den EAI-Architekturpatterns. Dabei unterscheiden sie zwischen den abstrakten Patterns und den konkreten „commercial off-the-shelf (COTS)" Technologien, die entweder von Unternehmen angeboten

werden

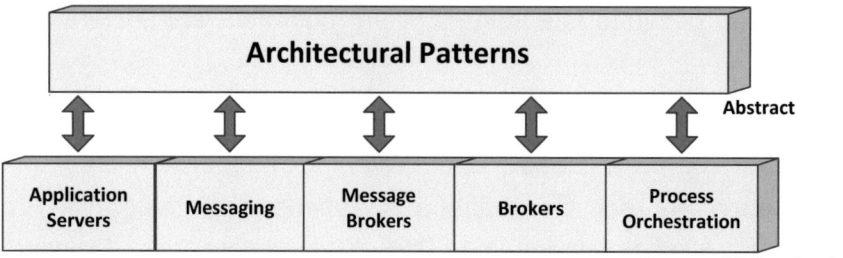

Abbildung 2.1-3 Umsetzung von Architekturpatterns vgl. Gorton und Liu (2004) S.727

oder als Open Source Variante zur Verfügung stehen. Das „Mapping" zwischen den beiden Seiten hat zur Folge, dass für eine konkrete EAI-Lösung mehrere Einzelprodukte vom Markt eingekauft oder andernfalls auf Basis von Open Source Produkten selbst entwickelt werden müssen. Die Entwicklung eines solchen Marktangebots wird am Beispiel der SOA-Technologien im Kapitel 2.1.3 betrachtet.

2.1.2 Charakteristika der Ansätze

Über die Zeit hinweg haben sich vor allem die Empfehlungen und Ansätze für die Gestaltung einer unternehmensweiten Architektur und Anwendungsintegration entwickelt. Die Charakteristika und die Ursprünge dieser verschiedenen Ansätze sollen nun nachfolgend in einer Art Zeitreihe genauer darstellt werden. Dabei kommen zunächst bis zum Komponenten-orientierten Ansatz, die eher einer Middleware zuzuordnenden Ansätze und danach ab dem SOA-Ansatz die Vorgehensmodelle, die über die reine Anwendungsintegration hinausgehen. SOA und EDA gehen deswegen über einen reinen Middleware-Ansatz hinaus, weil diese zum Beispiel eine nachrichtenbasierte Middleware miteinschließen und zusätzlich noch weitere Aspekte auf Geschäftsprozessebene, wie Workflowmanagement oder Prozessautomatisierung, umfassen. Und somit auch mehr Felder einer EAI-Lösung (vgl. Abbildung 2.1-2) abdecken.

2.1.2.1 Nachrichtenorientierter Ansatz

Der älteste Ansatz für die Integration von Anwendungssystemen ist der nachrichtenbasierte Ansatz. Hierbei werden Datenaustausch oder auch Funktionsaufrufe über einzelne Nachrichten realisiert, die von einem System (Sender) über eine Middleware-Schicht an ein anderes System (Empfänger) geschickt werden. Dieser Integrationsansatz ist topologisch bei Hub&Spoke und Bus einzuordnen. Die genaue Topologie hängt dabei von dem genutzten Kommunikationsprotokoll ab, wobei sich grundsätzlich drei verschiedene Arten unterscheiden lassen:

- Message Passing (Direkte Kommunikation zwischen Anwendungen)
- Message Queueing (Indirekte Kommunikation über eine Warteschlange)
- Publish/Subscribe (Herausgeber stellt Abonnenten Nachrichten zur Verfügung vgl. Abbildung 2.1-5)

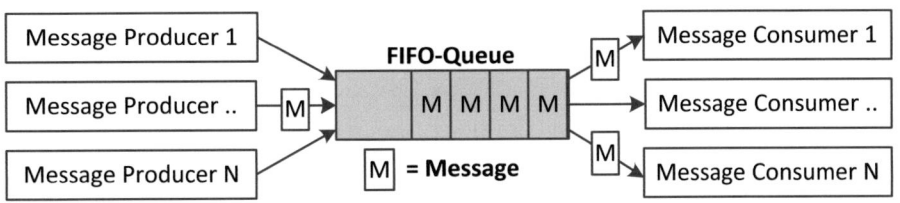

Abbildung 2.1-4 Publish/Subscribe mit Hilfe einer Message-Queue vgl Curry2004 S.8

Zusätzlich kann bei den beiden letzten Protokollen noch in ein Pull- oder Push-prinzip unterschieden werden: beim Pull-Prinzip müssen die Empfänger oder Abonnenten selbst von Zeit zu Zeit über eventuelle neue Nachrichten informieren und diese vom Message Broker beziehen. Beim Push-Prinzip, werden die Empfänger vom Broker informiert, dass relevante Nachrichten für sie bereitliegen und abgeholt werden können. Bei beiden Protokollarten benötigt der Broker aufgrund von Warteschlangen (Queues), wie exemplarisch in der Abbildung 2.1-4 dargestellt, eine eigene Datenbank für die Nachrichten (vgl. Abbildung 2.1-5).

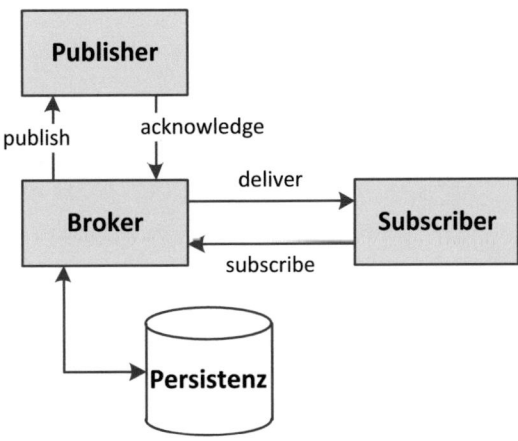

Abbildung 2.1-5 Übersicht Bestandteile einer MOM nach Masak2007 S.152

2.1.2.2 Objektorientierter Ansatz

Mit dem Aufstieg von objektorientierten Programmiersprachen und – paradigmen ist es auch zu einem Umdenken in der Gestaltung von Unternehmensarchitekturen gekommen. Dabei stellt vor allem die Common Object Request Broker Architecture (CORBA) einen sehr abstrakten Ansatz für eine solche objektorientierte Middleware dar. Topologisch gesehen ist ein Hub&Spoke-Ansatz, denn eine CORBA besitzt im Kern ebenfalls einen Broker, den so genannten Object Request Broker (ORB). Dieser vermittelt nun, anstatt von Nachrichten, entfernte Methodenaufrufe und deren Ergebnisse. Unter Verwendung der Interface Definition Language (IDL) wird in einer CORBA eine formale Spezifikation der jeweiligen Schnittstellen definiert, die die Funktionalitäten für entfernte oder lokale Zugriffe zur Verfügung darstellen. Diese Funktionalitäten werden auf Client-Seite durch einen „Stub" und das Gegenstück auf Server-Seite, dem „Skeleton", implementiert und somit über das verteilte System hinweg nutzbar gemacht.

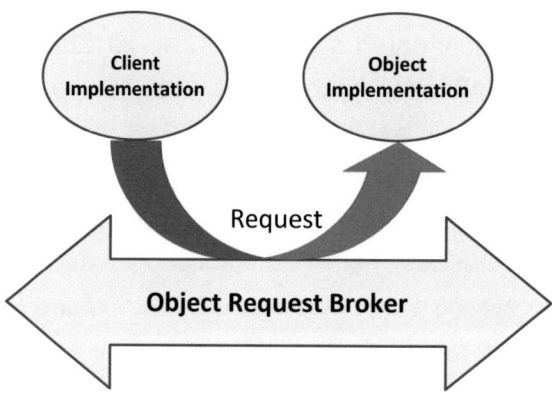

Abbildung 2.1-6 Anfrage von einem Stub an sein Skeleton-Objekt

Die Client-Anwendung ruft aus ihrer Sicht nur die Funktion des Stub-Objekts auf und bekommt auch das Ergebnis des Aufrufs. Im Hintergrund leitet der Stub aber den Anruf über den ORB weiter an den Skeleton, die eigentliche Implementierung der Funktion auf Server-Seite (vgl. Abbildung 2.1-6).

Wie in der Abbildung 2.1-7 zu sehen ist, besteht eine CORBA im einfachsten Fall aus einem Client mit dem in IDL definierten Stub, dem ORB als Vermittler in der Mitte und der eigentlichen Implementierung auf Server-Seite mit dem Skeleton-Objekt.

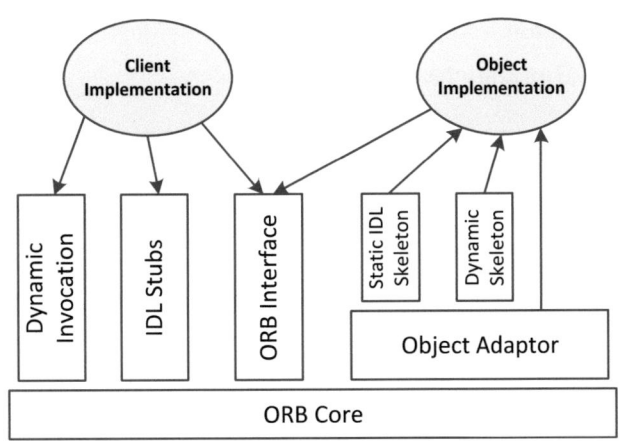

Abbildung 2.1-7 Bestandteile einer CORBA vgl. Britton2000 S. 54

2.1.2.3 Komponentenorientierter Ansatz

Mit Komponenten als „größere Objekte" stellt der komponentenorientierte Ansatz lediglich eine Erweiterung des zuvor genannten Objektorientierten dar. Hierbei ist aber dennoch der Ansatz der Enterprise Java Beans (EJB) interessant, da er den Schnittstellengedanken, auch in Bezug auf verteilte Systeme, noch stärker versucht umzusetzen. Dieser Ansatz wurde 1999 durch Sun Microsystems erstmals vorgestellt. Das Ziel war, einen einheitlichen Weg zu finden, Daten zu persistieren und zusätzlich transaktionelle Integrität und Sicherheit zu gewährleisten [Monson-Haefel2000]. Enterprise Java Beans gibt es in mehreren unterschiedlichen Ausprägungen für verschiedene Klassen von Anwendungsfällen. Sie können entweder „remote", also über Prozess- und Rechnergrenzen hinweg, oder innerhalb einer VM, also lokal, angesprochen werden. Den Aufbau eines Aufrufs über eine Remote-Verbindung ist beispielhaft in Abbildung 2.1-9 zu sehen. Es lässt sich dabei wieder einen topologischen Hub&Spoke-Ansatz erkennen, da jeder Aufruf über den EJB-Server vermittelt wird.

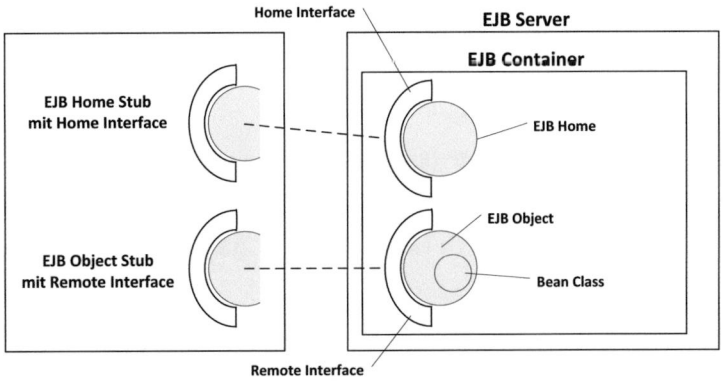

Abbildung 2.1-8 Aufbau einer EJB-Architektur vgl. Monson-Haefel2000

Bei den in Abbildung 2.1-8 dargestellten Bean-Klassen kann grundsätzlich in folgende 3 unterschieden werden:

- Entity Bean (modelliert und repräsentiert einen persistierten Datensatz des Systems)
- Session Bean (bildet Vorgang ab, den der Nutzer mit dem System durchführt)
- Message Driven Bean (Komponente, die EJB-Systeme für asynchrone Kommunikation zugänglich macht)

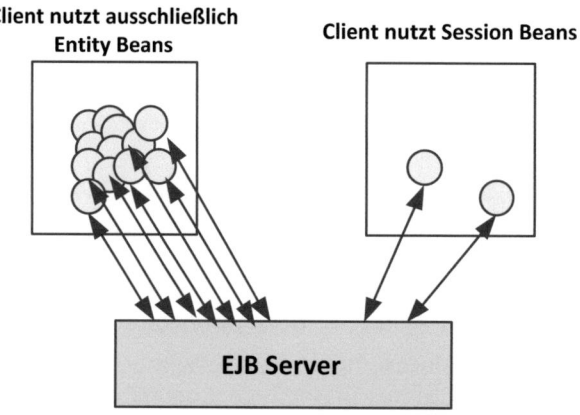

Abbildung 2.1-9 Ineffizienz von Entity Beans vgl. Monson-Haefel2000

Nach Monson-Haefel (2000) sind die Modellierung von Workflows und die damit verbundene Verwendung von Session Beans zu bevorzugen, da dadurch maßgeblich die Performance der EJB-Architektur gesteigert wird (vgl. Abbildung 2.1-9). Den Übergang zu der nachfolgenden serviceorientierten Architektur bilden die Message Driven Beans, mit welchen sich die Funktionalität neben der RMI-Methode auch per Webservice abbilden lässt.

2.1.2.4 Serviceorientierte Architektur

Der Ansatz einer serviceorientierten Architektur (SOA) ist keine revolutionäre Idee, die sozusagen aus dem Nichts entstanden ist, sondern hat sich viel mehr durch eine Art Evolution aus den bisherigen Ansätzen entwickelt. [Erl2008]. Einerseits bilden nun zuvor definierte Services gekapselte Funktionalität im Netzwerk an, sowie im CORBA-Ansatz, und andererseits werden der Serviceaufruf und dessen Ergebnisse über eine Nachrichtenbasierte Middleware abgehandelt.

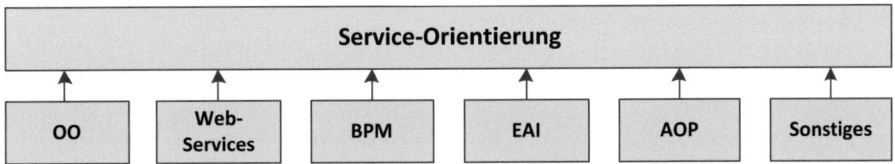

Abbildung 2.1-10 Übersicht der Einflüsse auf SOA-Ansatz nach Erl2008 S.97

Erl (2008) sieht mehrere Einflüsse in der Serviceorientierung (vgl. Abbildung 2.1-10) und führt zusätzlich hierbei an: „It very much represents an evolutionary state in the history of IT in that it combines successful design elements of past approaches with new design elements that leverage conceptual and technology innovation." [Erl2008 S.81f] Der Begriff „serviceorientierte Architektur" wurde durch Schulte und Natis (1996) von Gartner geprägt. Zusammenfassend definieren sie eine SOA wie folgt:

„A service-oriented architecture is a style of application partitioning and targeting (placement). It assumes multiple software tiers and usually has thin clients and fat servers (i.e., little or no business logic on the client), but it is more than that. It organizes software functions into modules in a way that maximizes sharing application code and data." [SchulteNatis1996 S.3]

Der Hauptbestandteil einer SOA ist dem Namen nach der Service. Er beinhaltet die Definitionen für die Schnittstellen auf beiden Seiten, wie es in Abbildung 2.1-11 zu sehen ist. Die Definition ist dabei hauptsächlich die explizite Beschreibung der angebotenen Funktionalität, das bedeutet mit welchen Parameter die Funktion aufgerufen werden muss oder ob und welche Antwort zurückgegeben wird. Zudem wird auch die Location, auf der der Service implementiert ist und angesprochen werden kann, und das zugrunde liegende Kommunikationsprotokoll definiert. Eine weitere Eigenschaft des SOA-Service ist die Abgeschlossenheit der Komponente, die den Service anbietet. Diese Abgeschlossenheit lässt sich auch in einer hohen Modularität innerhalb der Architektur wiederfinden. Die Gefahr in der Integration aufgrund dieses Ansatzes ist der topologische Rückfall zu einer reinen Punkt-zu-Punkt-Integration, wenn jeder Service direkt ohne eine ganzheitliche Integrationsplattform, wie zum Beispiel ein Enterprise Service Bus (ESB), angesprochen und benutzt wird.

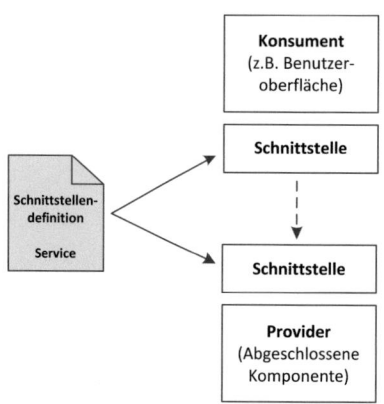

Abbildung 2.1-11 SOA-Service vgl. Krafzig 2010 S.165

Eine SOA lässt sich in der Gesamtsicht in verschiedene Ebenen differenzieren (vgl. Abbildung 2.1-12). Dabei lässt gerade noch die Service-Ebene noch in zwei weitere Ebenen trennen. Auf der unteren Ebene liegen die technischen Services, auch Basisservice genannt. Darüber liegen die Composite Service, die eine Verknüpfung verschiedener Basisservices als eigene Funktionalität nach außen anbieten. Da ein Basisservice natürlich von mehreren Composite Services oder direkt benutzt und aufgerufen werden kann, können somit viele Funktionalitäten wiederverwendet werden und brauchen nicht neu implementiert werden.

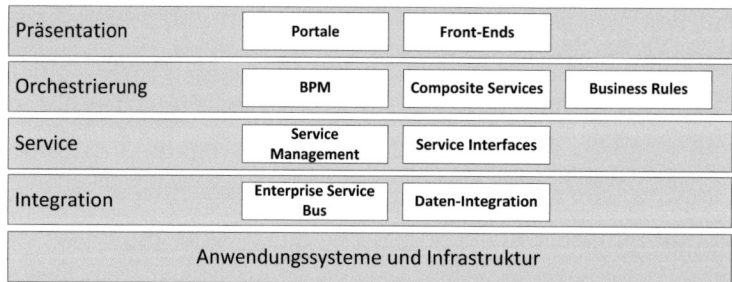

Abbildung 2.1-12 Ebenen einer SOA vgl. Krafzig2010 S.166 & Liebhart2007 S.91

Wie zu Anfang dieses Abschnitts bereits gesagt stellt SOA per se nichts Neues dar. Aber den großen Durchbruch hatte der Ansatz zusammen mit vermehrter Benutzung der Webservice-Standards. Grund hierfür ist, dass SOA und Webservice sich gegenseitig komplementieren: auf der einen Seite die SOA als Designprinzip und andererseits Webservices als technische Umsetzung. [Natis2003]

In der gleichen Publikation sieht Natis (2003) auch einen „ironischen" Zusammenhang zwischen „Event-driven Architectures" (EDA) und der SOA. Obwohl EDA und SOA zu einem großen Teil Gegensätze darstellen, prophezeit er damals: „Ironically, Users Who Best Understand

18

Event-Driven Architecture Will Be the Best Users of SOA" [Natis2003 S.3]. Aus diesem Grund widmet sich die Arbeit nun noch abschließend dem ereignisgesteuerten Architektur-Ansatz.

2.1.2.5 Ereignisgesteuerte Architektur

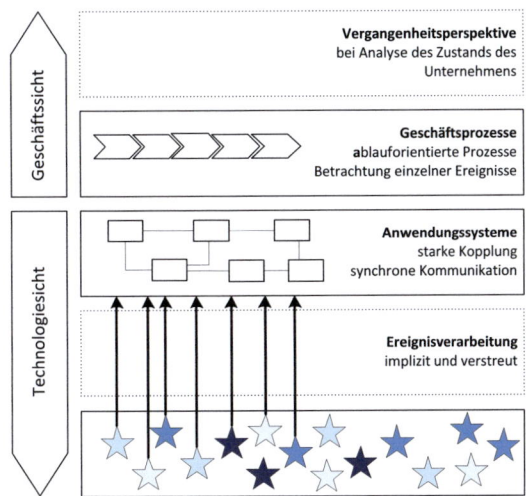

Abbildung 2.1-13 „traditionelle" Ereignisverarbeitung vgl. Bruns2010 S.24

In einer ereignisgesteuerten Architektur (EDA) rücken Ereignisse ins Zentrum der Gestaltung von Software- und gesamten Unternehmensarchitekturen. [Bruns2010] Die verschiedensten Ereignisse prägen seit jeher den Alltag in den Unternehmen. Beispielsweise kann ein neuer Kundenauftrag oder eine eingehende Rechnung als Ereignis betrachtet werden, auf die reagiert werden muss. Diese Ereignisse werden traditionell von menschlichen Aufgabenträgern mit Hilfe von Anwendungssystemen erkannt und verarbeitet. (vgl. Abbildung 2.1-13). In einer EDA ist die „Complex Event Processing"-Komponente für das Erkennen und das Reagieren auf Ereignisse oder Ereignismuster zuständig. Dafür benötigt diese aber eine explizite und deklarative Regelbasis, die festlegt, wann und wie auf die Ereignisse reagiert werden muss (vgl. Abbildung 2.1-14).

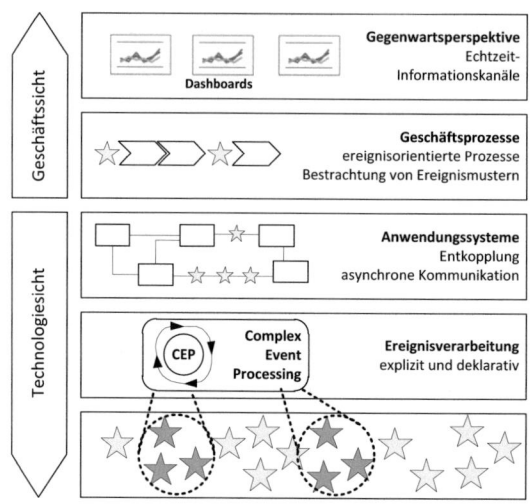

Abbildung 2.1-14 automatisierte Ereignisverarbeitung vgl. Bruns2010 S.29

Die Bestandteile einer verteilten EDA sind exemplarisch in Abbildung 2.1-15 dargestellt. Demnach lässt sich die gesamte Architektur in Sensoren und Aktoren trennen. Die Sensoren der jeweiligen Bestandteile „beobachten" die verschiedenen Ereigniskanäle und, sobald ein für sie relevantes Ereignis oder –muster auftritt, reagieren die Aktoren in diesen Komponenten, indem sie entweder wiederum eigene Ereignisse erzeugen, Datenbankeinträge tätigen oder Funktionen einer operativen Anwendung aufrufen. Für jede Art von Ereignissen ist dabei ein eigener „Ereignis-Monitor" mit eigenem „Event Processing Agent" (EPA) vorgesehen. Interessant ist auch die Komponente eines „Korrelationsserver", der für die Erkennung und Verarbeitung von Ereignismustern sorgt. Im Gegensatz dazu steht der „Transformationsserver", der für die „Verarbeitung von Einzelereignissen zuständig" [Bruns2010 S.208] ist. Da die Integration dabei rein über Ereignisströme oder –kanäle realisiert wird, entspricht dies topologisch gesehen einer Bus-Integration.

Die Verbindung einer EDA und einer SOA ist nach Bruns (2010) der „[nächste konsequente] Schritt in der Weiterentwicklung einer Serviceorientierten Architektur [...]." [Bruns2010 S.38] Beide Seiten würden ihren Vorteil aus dieser Verbindung ziehen. Einerseits ermöglicht „eine um Ereignisse angereicherte SOA agile, adaptive Geschäftsprozesse, die flexibel und zeitnah auf sich verändernde Chancen und Bedrohungen reagieren können." [Bruns2010 S.38] Auf der anderen Seite profitiert eine EDA von der organisatorischen Verankerung und der flexiblen Komponentenarchitektur einer SOA. Aufgrund Letzterer kann „EDA auf praktisch jeder funktionalen Ebene in der Architektur integriert werden." [Bruns2010 S.38] Mit dieser Kombination lässt sich die Orchestrierung von Service-Aufrufen durch das Erkennen und Reagieren auf Ereignisse oder –muster ersetzen. Die EDA kümmert sich dann darum, dass die entsprechenden Services angestoßen werden. [Bruns2010]

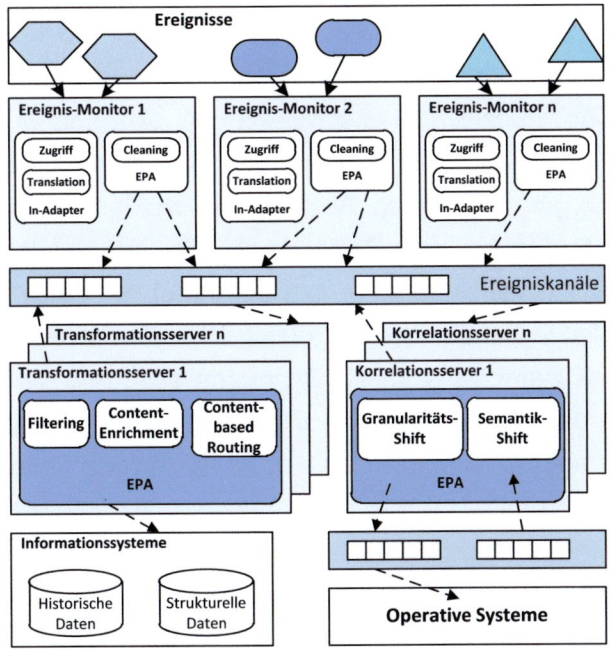

Abbildung 2.1-15 Aufbau einer EDA nach Bruns (2010)

2.1.3 Historie der SOA-Technologien

Zum Abschluss der Betrachtung der verschiedenen IT-Architekturen soll nun auf den aktuell meist diskutierten Ansatz, die SOA, genauer eingegangen werden. Dabei wird zunächst die Entwicklung der Standards für diesen Ansatz und danach noch das Marktangebot dieser Technologien im Zeitverlauf betrachtet. Die folgenden, hierfür relevanten Technologien wurden ebenfalls der Studie „Bedeutung der Flexibilität von IT-Architekturen für den Unternehmenserfolg" entnommen:

- XML als einheitliches Datenaustauschformat
- Web-Services (WSDL, SOAP)
- Service Bus (z. B. ESB) oder eine andere (ganzheitliche) Integrationsplattform
- Service Registry / Repository
- Service-Orchestrierung z.B. mit BPEL
- Business Activity Monitoring (BAM) zur Überwachung und Optimierung der Geschäftsprozesse
- Rule Engines zur automatisierten Verwaltung von Geschäftsregeln

- Service Component Architecture (SCA) oder Service Data Objects (SDO)

2.1.3.1 Standards und ihre Entwicklung

Der Standard „Extensible Markup Language" (XML) von 1998 hat seine Wurzeln in der Standard Generalized Markup Language (SGML) aus dem Jahr 1986. Auszeichnungssprachen wie XML und SGML dienen zur Anreicherung von reinen Textdokumenten um benötigte Strukturen und Semantik. Die benötigten Auszeichner werden auch „Tags" genannt. Somit lassen sich zum Beispiel mit XML-Dokumenten Daten automatisiert maschinell einlesen, wobei der Inhalt der Datei dennoch für den menschlichen Benutzer lesbar bleibt. XML-Dokumente sollen dem Standard nach zunächst einmal wohlgeformt sein, das heißt unter anderem, dass es ausschließlich ein Wurzelelement gibt und jeder Tag auch wieder geschlossen wird. Zudem ist es für den Datenaustausch von Vorteil, wenn mittels eines XML-Schemas, zusätzlich zur Wohlgeformtheit, auch ein explizites Format definiert werden kann. Standardgemäß gilt ein XML-Dokument als gültig, wenn es wohlgeformt ist und das im Schema beschriebene Format einhält. Der XML-Standard bildet die Grundlage für alle der folgenden für SOA relevanten Standards.

Aus dem Versuch, nicht nur den Datenaustausch, sondern auch RPC's in einem verteilten System auf der Basis von XML zu standardisieren, entstand 1999 der Standard „Simple Object Access Protocol" (SOAP). Aufgrund der Tatsache, dass der Standard sich nicht sehr „simple" gestaltete, wurde die Langform im Laufe der Zeit verworfen und durch das Akronym ersetzt. Ziel des Standards ist eine einheitliche Form für die Nachrichten, die innerhalb von verteilten Systemen verschickt werden. Demnach soll durch den standardisierten Aufbau aus „Header" und „Body" die Verarbeitung optimiert werden, da hierbei lediglich der Header ausgelesen werden muss, um an die Metainformationen für Ziel der Nachricht oder zur Weiterverarbeitung zu gelangen. Der eigentliche Nachrichteninhalt, der Body, braucht daher beim Transport nicht ausgelesen werden und kann verschlüsselt übermittelt werden. Dies dient letztendlich auch der Systemsicherheit.

Der Standard „Web Service Description Language" (WSDL) folgte dann kurz darauf im Jahr 2000 und dient dazu, wie der Name schon sagt, Web Service einheitlich zu beschreiben, um unter anderem eine automatisierte Verarbeitung zu ermöglichen. WSDL baut wie SOAP auf dem XML-Standard auf, was bedeutet, dass ein WSDL-Dokument in XML geschrieben ist. Eine weitere Absicht bei der Entwicklung des Standards ist neben der einheitlichen Beschreibung, wie der Service zu nutzen ist, auch die Beschreibung, wo genau sich der Service befindet und angesprochen werden kann.

Mit dem Ziel eine unabhängige Plattform zu schaffen, auf der Web Services beschrieben und über das Internet gesucht und gefunden werden können, wurde im Jahr 2000 der Standard "Universal Description, Discovery and Integration" (UDDI) eingeführt. Dabei bildet UDDI einen einheitlichen Verzeichnisdienst oder „Servicebroker", in dem Provider ihre Web Service Beschreibungen ablegen können. Diese Beschreibungen werden in WSDL verfasst und bei Bedarf an den suchenden Nutzer übermittelt. Die Kommunikation mit dem Verzeichnis erfolgt dabei über SOAP-Nachrichten. Dieser Standard erleichtert potentiellen Servicekonsumenten die Suche und ggf. Nutzung des passenden Providers. Jedoch kündigten Ende 2005 die größten Unterstützer von UDDI, darunter IBM und Microsoft, an, die UDDI Business Registry nach nur fünf Jahren abzuschalten.[1] Und von da an wurde dieser Standard nicht mehr weiter verfolgt und weiterentwickelt.

Die Webservice Business Process Execution Language (WS-BPEL) ist ebenfalls eine XML-basierte Sprache zur Abbildung von Geschäftsprozessen, deren einzelne Aktivitäten unter anderem durch Webservices implementiert sind. Der im Jahr 2002 von IBM, BEA Systems und Microsoft eingeführte Standard wird dabei zu so genannten Orchestrierungen von Webservices verwendet. Diese Beschreibung selbst wird ebenfalls in Form eines Webservice bereitgestellt und kann als ein solcher verwendet werden. Bis zur Version 1.1 hieß der Standard noch BPEL4WS (Business Process Execution Language for Webservices). Das OASIS WS-BPEL-Komitee beschloss aber 2004, die Spezifikation in WS-BPEL umzubenennen, um ein einheitliche Bezeichnung für alle WS-* Standards zu haben.

Die zwei Standards Service Component Architecture (SCA) und Service Data Objects (SDO) zeigen die neusten Entwicklungen im Bereich der SOA-Standards. Dabei ist SDO eine Spezifikation für ein herstellerunabhängiges Framework zum einheitlichen Datenzugriff und hat ihre Wurzeln in Veröffentlichungen des „Java Community Process" aus 2004. Das Ziel von SDO ist es, einen einheitlichen Datenzugriff über

---

[1] http://uddi.microsoft.com/about/FAQshutdown.htm (05.02.2011 aufgerufen)

verschiedene heterogene Datenzugriffsquellen zu ermöglichen. Dafür spezifiziert SDO ein API, über das unabhängig von der konkreten Technologie der Datenspeicherung standardisiert auf die Daten zugegriffen werden kann. Neben dieser Datenabstraktion stellt auch die SCA eine Erleichterung für den Aufbau einer SOA dar. Der Standard bietet nicht nur die Möglichkeit verschiedene Service zu kombinieren und orchestrieren, sondern auch eigene Servicekomponenten zu erstellen, die auf schon bestehende Funktionsimplementierungen zurückgreifen. Die erste Spezifikation zu der SCA wurde 2007 veröffentlicht.

Abschließend bildet die Abbildung 2.1-5 eine Zusammenfassung dieses Abschnitts, indem sie das Erstauftreten der Standards auf einem Zeitstrahl zeigt. Einzig der SOAP-Standard ist doppelt vertreten, da WSDL seit seinem ersten „Auftreten" auf die Version 1.1 von SOAP stützt.

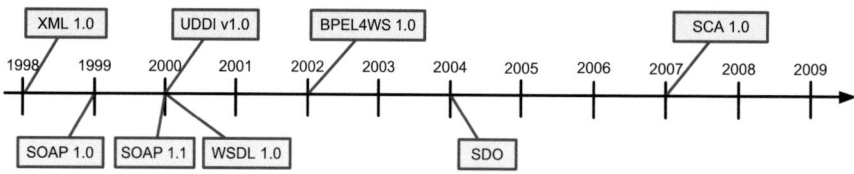

Abbildung 2.1-16 Zeitstrahl der SOA-Standards

2.1.3.2 Entwicklung des Angebot der SOA-Technologien

Inwiefern und vor allem seit wann diese Standards auch auf dem Markt für die Unternehmen zur Verfügung stehen soll nun Teil der folgenden Betrachtung sein. Anhand der Forrester-Studie „The Forrester Wave™: Comprehensive Integration Solutions, Q4 2010" [Vollmer2010] wurden folgende Unternehmen identifiziert:

- Oracle
- IBM
- TIBCO
- Software AG

Gerade die ersten vier Unternehmen sind schon seit 2005 bei jeder Evaluation in diesem Bereich in der Spitzengruppe angesiedelt worden.

"Oracle, IBM, TIBCO Software, and Software AG continue to dominate the CIS market. With comprehensive offerings and solid customer references, these four vendors have led this market in the past four Forrester Wave evaluations of this category (2005, 2006, 2008, and 2010). This continued leadership highlights the emphasis that these four vendors have placed on improving their integration software solutions' functionality." [Vollmer2010]

Aktuell decken diese vier Unternehmen in der Spitzengruppe mit ihrer Produktpalette alle oben aufgelisteten Technologien ab. Auffällig ist dabei vor allem die Software AG, die nach Vollmer (2010) das stärkste Produktportfolio hat, was hauptsächlich mit den Zukäufen in jüngster Vergangenheit zusammenhängt. Die anschließenden Zeitstrahlen lassen für jede Technologie erkennen, welche Unternehmen eine gewisse „Vorreiterstellung" in der Vergangenheit eingenommen haben und neue Technologien früh auf dem Markt angeboten haben. Zudem ist für jede Firma auch das entsprechende Produkt aufgeführt, mit dem die jeweilige Technologie angeboten wird. Die Werte, also wann welche Firma welche Technologie zuerst angeboten hat, wurden größtenteils aufgrund der Release-Informationen der einzelnen Produkt-Portfolios identifiziert. Einzig der komplette Datensatz zur SOA-Historie in der Firma Oracle wurde von einem Mitarbeiter der Firma bereitgestellt. Die genaue Übersicht mit den jeweiligen Quellenangaben ist im Anhang zu finden.

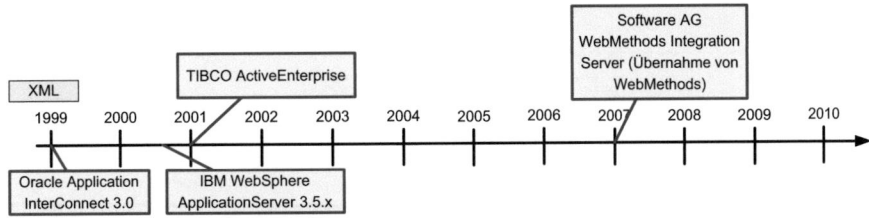

Abbildung 2.1-17 SOA-Historie XML

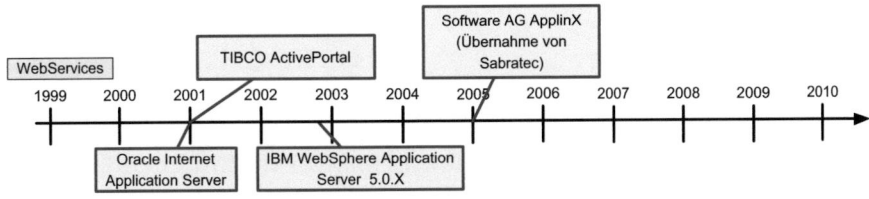

Abbildung 2.1-18 SOA-Historie Web Services

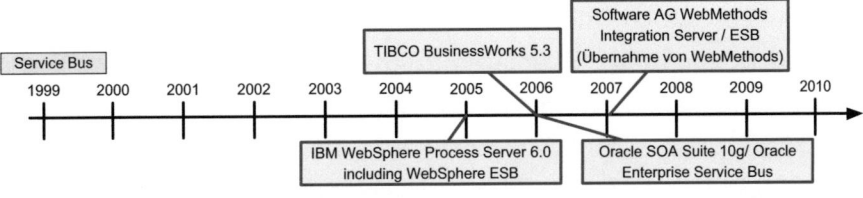

Abbildung 2.1-19 SOA-Historie Service Bus

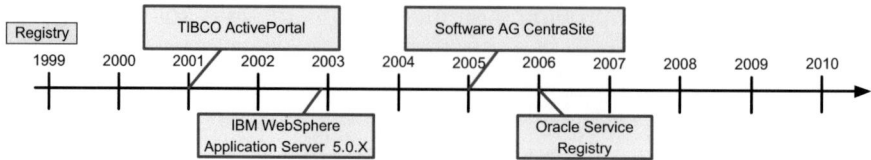

Abbildung 2.1-20 SOA-Historie Registry und Repository

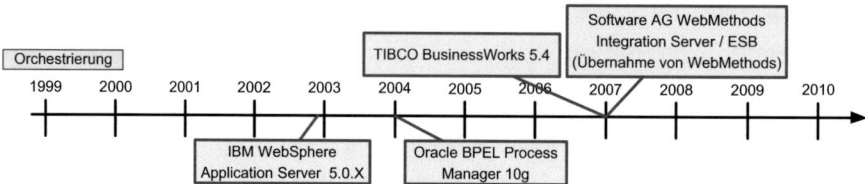

Abbildung 2.1-21 SOA-Historie Orchestrierung

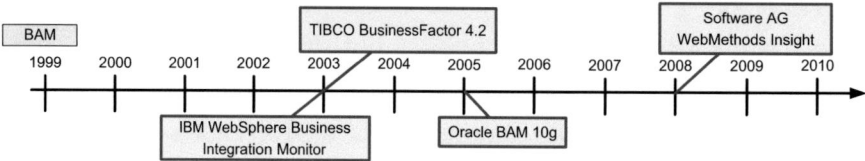

Abbildung 2.1-22 SOA-Historie Business Activity Monitoring

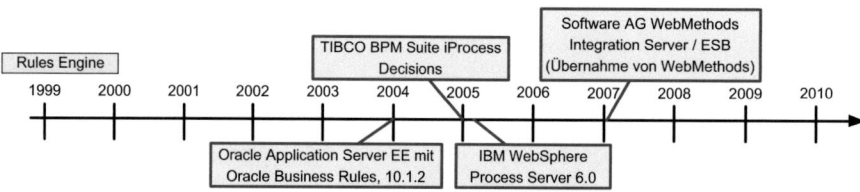

Abbildung 2.1-23 SOA-Historie Rule Engines

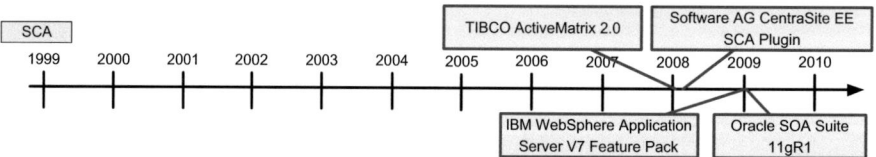

Abbildung 2.1-24 SOA-Historie Service Component Architecture

Zunächst einmal lässt sich sehr gut erkennen, wenn man zudem den Zeitstrahl in der Abbildung 2.1-5 aus dem vorangegangen Kapitel betrachtet, dass die Unternehmen, die bei der Entwicklung der Standards beteiligt waren, auch kurz darauf ein entsprechendes Produkt dem Markt angeboten haben. Ebenfalls stellen Service Bus und Rules Engine relativ neuere Entwicklungen dar, obwohl die zugrunde liegenden Technologien wesentlich früher bekannt und verfügbar waren. SCA ist dagegen ein gutes Beispiel dafür, dass die betrachteten Unternehmen jetzt verstärkt auf SOA setzen und deswegen den Standard aus 2007 verhältnismäßig schneller umgesetzt und dem Markt angeboten haben.

26

Das Kapitel abschließend werden im Folgenden die wichtigsten Kernpunkte aus der bisherigen Betrachtung der Literatur und Praxis zu IT-Architekturen noch einmal dargestellt. Die IT-Architektur ist demnach die konkrete Gestaltung der IT-Infrastruktur im Zusammenspiel mit den Geschäftsprozessfähigkeiten [VenkateshBates2007] und der dafür notwendige unternehmensweite Konsens in den Bereichen Technologie-, Daten-und Prozessstandards. [Ross 2003] In der Literatur lassen sich zudem mehrere treffende Metaphern für die IT-Architektur im Unternehmen finden. Für das Management kann sie „eine Art Stadtplan" sein, anhand dessen ein Überblick auf die IT-Infrastruktur im Unternehmen möglich wird. Auf der anderen stellt sie auch das „Fundament" dar, auf dem das gesamte Unternehmen „errichtet" ist. Die von Ross (2003) vorgestellten Reifegrade einer IT-Architektur ermöglichen zudem eine Einordnung und Bewertung von Architekturen in den Unternehmen. Die Erkenntnis, dass ein höherer Reifegrad mehr Integration zum Teil erst ermöglicht oder sogar benötigt, ist der Beweggrund sich mit der Thematik der Integration weiter auseinander zu setzen. Dabei wird in die drei Topologien Punkt-zu-Punkt, Hub&Spoke und Bus unterschieden, die sich im weiteren Verlauf in den Charakteristika der Integrationsansätze wiederfinden lassen. Diesen konkreten Ansätzen wird aber zuvor der abstrakte Ansatz der EAI gegenübergestellt, der die Integration im Unternehmen in einer Art „Makro-Sicht" beschreibt. Zum Ende des Kapitels mit der Analyse der Historie für SOA und der Erkenntnisse aus der Entwicklung der aller Architekturansätze, bleibt als Feststellung, dass die Ansätze bis hin zu einer SOA eine Evolution durchlaufen haben und diese Evolution sich auch im Marktangebot und der Entwicklung der Standards wiederfindet.

2.2 Strategisches IT-Business-Alignment

Nach dem zuvor dargestellten Grundverständnis von IT-Architekturen soll sich nun in diesem Kapitel dem IT-Business-Alignment gewidmet werden. Welchen Grund aber gibt es, sich mit IT-Business-Alignment auseinander zu setzen? "Die Forderung nach einem IT/Business Alignment ist vor allem als Reaktion auf das sog. Produktivitätsparadoxon der IT zu verstehen." [Teubner2006 S.368] Das Produktivitätsparadoxon ist dabei auf Brynjolfsson (1993) zurückzuführen, nach dem steigende Investitionen in IT scheinbar zu keinen oder sogar zu negativen Produktivitätsentwicklungen führen. Ungefähr 15 Jahre später gibt Chan (2007) mit ihrem Artikel im „Journal of Information Technology" eine Übersicht der Antworten auf die Frage „IT alignment: what have we learned?". Demnach gibt es in der Literatur viele Synonyme für Alignment, wie zum Beispiel „fit", „integration" oder „harmony". Aber so viele Synonyme wie sich in der Literatur finden lassen, so verschieden sind auch die Sichten oder Dimension des Alignments: „In the MIS literature, several dimensions of alignment are clearly apparent: strategic/intellectual, structural, social, and cultural." [Chan2007 S.300] Entscheidender sind aber die bereits in der Literatur identifizierten Auswirkungen des Alignments, die Teil der Betrachtung im nächsten Abschnitt sind.

Aufgrund der hohen Komplexität der gesamten Alignment-Thematik beschränkt sich diese Thesis auf die strategische Dimension des IT-Business-Alignments. Im Folgenden wird daher ausgehend von den zwei grundsätzlichen Sichten auf das Alignment als Zustand und Prozess vor allem auf das Strategic Alignment Model nach Henderson und Venkatraman (1999) eingegangen.

2.2.1 Alignment als Zustand

Eine mögliche Sicht auf das IT-Business-Alignments ist, es als einen gewissen Zustand im Unternehmen anzusehen, inwiefern die IT und die Fachseite auf einander abgestimmt und integriert sind. Letztendliches Ziel der bisherigen und aktuellen Arbeit auf diesem Gebiet ist das Aufzeigen der Auswirkung des Alignments auf die Performance des Unternehmens. Darüber hinaus kann sich durch eine strategisch „well-aligned IT" ein ganzer Industriezweig verändern. [vgl. Chan(2007) S.307] Nach der Betrachtung der bisher aufgedeckten Wirkungen des Alignments, wird zudem im weiteren Verlauf auf das Alignment Paradoxon nach Tallon (2003) und die Probleme bei der Messung des konkreten Zustands eingegangen.

2.2.1.1 Wirkung auf Performance

Ein gemeinsamer Konsens ist dabei, dass es nicht von der speziell genutzten Technologie abhängt, ob die IT einen Wertschöpfungsbeitrag leistet oder nicht, sondern davon, wie die IT benutzt und gemanagt wird. [HuangHu2007] Auf diese Nutzung der IT und die IT-Flexibilität wirkt sich nach Beimborn et al. (2006) das Alignment positiv aus. Demnach hat ein hoher Wert an Alignment zum einen eine verstärkte Nutzung von Informationssystemen und zum anderen eine erhöhte IT-Flexibilität zur Folge. Wobei sich beide wiederum auf die Performance positiv auswirken.

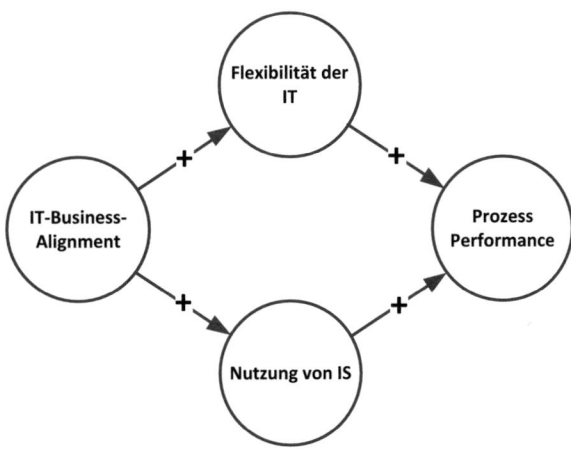

Abbildung 2.2-1 Wirkung des Alignment nach Beimborn et al. (2006)

Eine weitere indirekte Wirkung auf den Business Value hat das strategische IT-Business Alignment nach Kearns und Sabherwal (2006) über die IT-Projekte. Demnach hat ein hohes Maß an stategischem Alignment eine höhere Planungsqualität bei IT-Projekten zur Folge. Auf der anderen Seite vermindert es auch die Probleme bei der Implementierung in IT-Projekten. Da nun sich die Qualität positiv und die Implementierungsprobleme negativ auf den Business Value der IT auswirken, steigert ein hohes strategisches Alignment den Business Value.

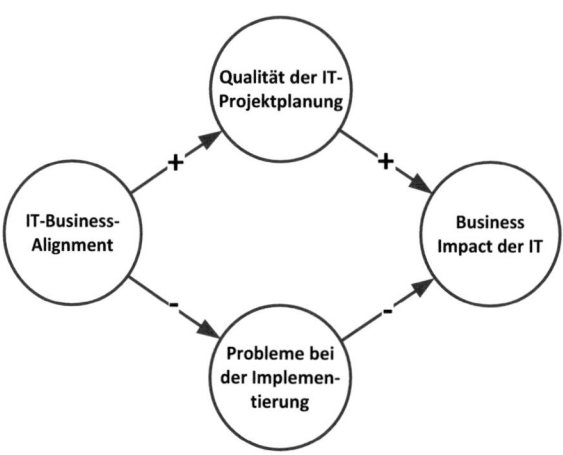

Abbildung 2.2-2 Wirkung des Alignment nach Kearns und Sabherwal (2006)

2.2.1.2 Alignment Paradoxon

Im Gegensatz dazu stehen die Ergebnisse von Tallon (2003), der bei seiner Untersuchung der Wirkung des Alignments auf den IT Business Value, vermeintlich auf ein Paradoxon gestoßen ist. Demnach führt die Steigerung des strategischen Alignments nur bis zu einem gewissen Punkt auch zu einer Steigerung des Business Value, danach wirkt sich eine weitere Steigerung negativ aus. Tallon erklärt sich den Grund darin, dass das strategische Alignment der Flexibilität entgegensteht, die Unternehmensstrategie an Änderungen in der Umwelt anzupassen. Die eigentliche Ursache für dieses Paradoxon könnte jedoch in dem Versuch liegen, einen direkten Zusammenhang zwischen dem strategischen Alignment und dem IT-Geschäftswert finden. Dass zwischen dem Alignment und der Performance kein einfacher und direkter, sondern ein komplexer und von der Geschäftsstrategie abhängiger Zusammenhang vorliegt, lässt sich aber bereits bei Sabherwal und Chan (2001) finden. Diesen Aspekt greifen Beimborn et al. (2006) mit ihrer Frage „What is the impact of business strategy type on IT business value creation?" bei ihrer Betrachtung der Auswirkungen des IT-Business-Alignments mit auf. Ein Ergebnis ihrer Untersuchung war die Unterstützung der Ergebnisse von Sabherwal und Chan (2001): „The importance of alignment for performance was found to be significant for prospectors and analyzers but not for defenders. Thus, an emphasis on alignment may not be beneficial for business success in the case of defenders. [...] we can support this finding." [Beimborn2006 S.593] Demnach bedeutet es, gerade für Unternehmen mit den IT-Strategietypen "Prospector" und „Analyzer" sollte das Thema Alignment ein wichtiger Punkt sein. Dabei gelten Unternehmen als „Prospector", wenn sie mit ihrer IT stets auf der Suche sind mit Hilfe von neuen innovativen Technologien einen Vorsprung zu erlangen. Wohingegen die „Analyzer"-Strategie nicht sofort neue Technologien produktiv einsetzt, sondern die ersten Praxis-Tests bei den „Prospectors" abwartet und daraufhin, im Fall von positiven Effekten, schnell folgt.

2.2.1.3 Messbarkeit von Alignment

Trotz der vermeintlichen Lösung des Alignment-Paradoxon, bräuchte es in der Praxis für die Unternehmen ein Verfahren, das den aktuellen Grad an strategischem Alignments feststellt. Chan (2007) sieht für die Unternehmen eine hohe Bedeutung der Messbarkeit, denn nur wenn das Alignment messbar ist, kann es auch besser gemanagt, wie zum Beispiel die Wirkungsweise von getroffenen Maßnahmen bewertet werden. Mehre Ansätze zur Messung, wie zum Beispiel mittels Modellen, mathematischen Berechnungen oder spezifische Fragenkataloge für Befragungen, wurden mit der Zeit entwickelt. [Chan2007] Dennoch stellen diese Methoden weniger einen praktikablen Ansatz für die Unternehmen als dar, den aktuellen Zustand einfach festzustellen.

2.2.2 Alignment als Prozess

Die gegensätzliche Sichtweise auf das IT-Business-Alignment lässt sich gut anhand eines Zitats zusammenfassen: "IT-business alignment is not a static state; it's a continuous maturing process over the long run" [HuangHu2007 S.175] Aufgrund dessen ist neben den Auswirkungen eines gewissen Zustandes des Alignments vor allem der Weg hin zu dem gewünschten Niveau wichtiger für die Unternehmen. Nach Luftman (2003) ist es schwieriger das Alignment zwischen IT und Business aufrecht zu erhalten als beide getrennt voneinander weiter zu entwickeln. Dabei gibt es zwar keine „silver-bullet solution, but achieving alignment is possible." [Luftman2003 S.9] Mögliche Wege zur Erreichung von strategischen Alignment sollen nun im Folgenden aufgezeigt werden.

2.2.2.1 Ziele und Erfolgsfaktoren

Eines der wichtigsten Ziele des strategischen Alignment-Prozesses sieht Masak (2006) darin, „einen hohen Grad an architektonischem, kognitiven und temporalem Alignment für das ‚Tagesgeschäft' zu erreichen." [Masak2006 S.163] Mit architektonischem Alignment meint er dabei, die Abstimmung der IT-Architektur und IT-Prozesse mit den Geschäftsprozessen. Gerade für die praktische Umsetzung benötigen Unternehmen Regeln oder Erfolgsfaktoren, die ihnen helfen, den Alignment-Prozess so durchzuführen, dass am Ende auch das gewünschte Ergebnis steht. Hierfür haben Teo und Ang bereits 1999 eine Liste der Top 12 kritischen Erfolgsfaktoren für die Abstimmung von IT und Business Plänen mit Hilfe einer Befragung aufgestellt:

Kritische Erfolgsfaktoren:
1. Top management commitment to the strategic use of IT
2. Top management's confidence in the IT department
3. Top management's knowledge of IT
4. IT management's knowledge of business
5. Business goals and objectives that are known to IT management
6. The corporate business plan being available to IT management
7. The IT department being able to identify creative ways to use IT strategically
8. IT staff who are able to keep up with advances in IT
9. Frequent communication between users and IT departments
10. Business and IT management partnering to prioritize applications development
11. The IT department's efficiency and reliability
12. An IT department that is responsive to user needs

Tabelle 2.2-1 Kritische Erfolgsfaktoren für das strategische Alignment nach Teo&Ang (1999) und Chan (2007)

Wenn man dabei nur allein die obersten fünf Punkte betrachtet, sieht man, dass ein hohes strategisches Alignment in erster Linie von dem Stellenwert und dem Wissen über die IT im Unternehmen und den betriebswirtschaftlichen Kompetenzen in der IT-Führung abhängt.

2.2.2.2 Methoden im Alignment-Prozess

In der Literatur lassen sich, neben der reinen Abstimmung des IT-Plans mit dem Unternehmensplan, zwei weitere Methoden finden. Ein möglicher Weg hin zu einem hohen strategischen Alignments ist die unternehmensweite Einführung von Balanced Score Cards im Unternehmen. Dies hat nach Huang und Hu (2007) folgende vier Kernaspekte des strategischen Alignments zur Folge:

- Integrierte Planung von IT und Business
- Erhaltung effektiver Kommunikationskanäle
- Entwicklung einer starken Beziehung zwischen IT und Business
- Institutionalisierung einer Alignment-Kultur

Der Alignment-Prozess geht dabei von einer „Corporate Strategy Map" aus. Von diesem langfristigen Geschäftsplan werden jährlich eine „Corporate Scorecard" und daraus dann die „Scorecards" für die einzelnen Abteilungen abgeleitet. Am Ende bestimmen die Ziele für die Abteilungen der Fachseite die Planung der IT und der „IT Department Score-card".

Einen anderen Weg, ein strategisches IT-Business Alignment zu errei-chen, untersuchten Kearns und Sabherwal (2006) mit dem „Knowledge-Based View of Strategic Alignment". Demnach ist das strategische A-lignment das Ergebnis der Wissensintegration von IT- und Unterneh-mensführung. Die zwei Wege dieser Integration sind einerseits die Be-teiligung der IT-Manager an der Erstellung des Geschäftsplans und an-dererseits die Beteiligung der Business-Manager an der strategischen IT-Planung. Vorausgesetzt aber das Top-Management hat ein substan-zielles Wissen über die Funktion und Nutzen der IT im Unternehmen, wie auch schon zuvor bei den kritischen Erfolgsfaktoren nach Teo und Ang (1999) zu erkennen war.

2.2.2.3 Schwierigkeiten des Alignment-Prozess

Einen weiteren Grund für die Forschung, sich mit dem Alignment-Prozess zu beschäftigen, sind die Probleme und Hindernisse in der be-trieblichen Realität, die meist einen hohen Grad an Alignment verhin-dern. In der Literatur lassen sich einige dieser Probleme finden. Das Problem einer fehlenden konkreten Unternehmensstrategie beschrei-ben Sauer und Willcocks (2002) so:

"Part of the problem is that strategy has become a moving target — it's hard to build a technology platform to support visions based on capabili-ties a company might have" [SauerWillcocks2002 S.41]

Es ist offensichtlich, dass ohne eine explizit formulierte Unternehmens-strategie auch keine effektive und darauf abgestimmte Planung der IT erfolgen kann. Ein weiteres Problem sehen Huang und Hu (2007) in der unterschiedlichen Kultur und Sprache zwischen IT und Business:

"In contrast to the traditional corporate vocabularies of finance, market-ing, and sales, IT technical jargon and lingo do not resonate with the syntax and lexicon of the boardroom, and this culture gap between IT and business has been shown to be an impediment to aligning the IT function with the rest of the business [...]. But, without an overall com-mitment and culture to rid it of gaps and silos, and a mechanism to deal with the inevitable shift in business and market conditions, the IT align-ment process would likely be unsustainable in the long run." [Huang-Hu2007 S.174f]

Folglich dessen haben alle Anstrengungen im Alignment-Process höchstens einen kurzfristigen Effekt, wenn nicht zunächst die beschriebenen Gräben zwischen den Silos überbrückt und gebrochen werden.

2.2.3 Strategic Alignment Model

Eine weitere umfassendere Sichtweise auf das strategische Alignment fassten Henderson und Venkatraman (1999) in ihrem Strategic Alignment Model (SAM) zusammen. Das gesamte Konzept basiert dabei auf einem „strategic fit" innerhalb des Business oder der IT und der „functional integration" [HendersonVenkatraman1999 S.474] zwischen Business und IT. Zusätzlich wird jede Seite noch in eine externe und eine interne Domäne unterschieden. Daraus ergeben sich, wie man an der Abbildung 2.2-1 erkennen kann, vier Bereiche im SAM:

- Business Strategy
- IT-Strategy
- Organizational Infrastructure and Processes
- IT Infrastructure and Processes

Die externe Domäne besteht auf Business und IT-Seite aus bestimmten Entscheidungen, wie zum Beispiel zu „make-or-buy"-Fragestellungen oder zur Frage, mit welchen Produkten ein Wettbewerbsvorteil generiert werden. Hingegen gehören Entscheidungen zu Organisations- und Prozessstrukturen oder zur Entwicklung von Mitarbeiterfähigkeiten in die interne Domäne.

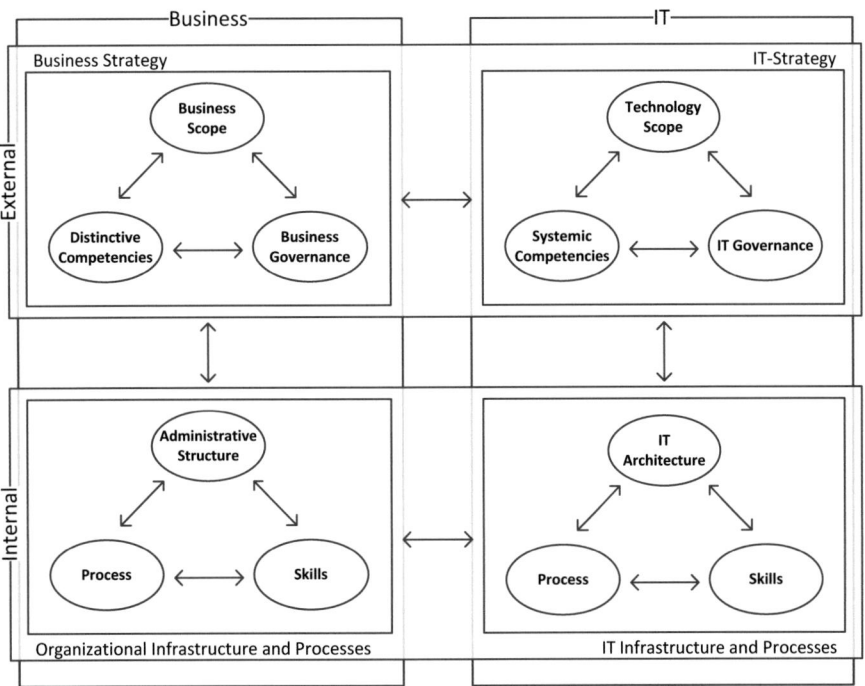

Abbildung 2.2-3 Strategic Alignment Model nach HendersonVenkatraman1999

Nach Henderson und Venkatraman (1999) ergeben sich aus dem SAM vier dominante Perspektiven auf das strategische Alignment. Wobei jeder dieser „Wege" zu einem Alignment aller vier Bereiche führt, obwohl nur drei Bereiche einbezogen sind. Auf jede der Perspektiven wird nachfolgend näher eingegangen und welche Rollen dabei das jeweilige Management innehat.

Die erste Perspektive „Strategy execution" geht davon aus, dass eine Business Strategie formuliert ist und aufgrund derer die Gestaltung der Organisation und der IT-Infrastruktur angepasst werden (Abbildung 2.2-4). In diesem Fall nimmt das Top Management die Rolle des „strategy formulator" ein. Das heißt, es legt initial die Strategie fest, die das IT-Management als „strategy implementor" mit einer effektiven und effizienten IT-Infrastruktur unterstützen soll. Henderson und Venkatraman (1999) sehen in dieser Perspektive die am meisten verbreitete und verstandene Perspektive, weil es dem klassischen hierarchischen Blick auf das strategische Management am nächsten kommt.

Die zweite Perspektive, die von einer vordefinierten Business Strategie ausgeht, ist die „Technology transformation". Die gewählte Strategie wird durch eine entsprechende IT-Strategie und die erforderlichen Prozesse und Infrastrukturen implementiert (Abbildung 2.2-5). Dabei liegt nach Henderson und Venkatraman besonders ein Einfluss der Kern-

kompetenzen auf die IT-Governance und die „systemic competencies",
wie zum Beispiel die IT-Flexibilität, vor. In der Perspektive hat das Top
Management eine bestimmte Vision davon, wie die IT die Business
Strategie am besten unterstützen könnte. Dem IT-Management bleibt
hierbei die Aufgabe des „technology architect", der versucht im Sinne
der IT-Vision eine effektive und effiziente IT-Infrastruktur zu entwerfen
und zu implementieren.

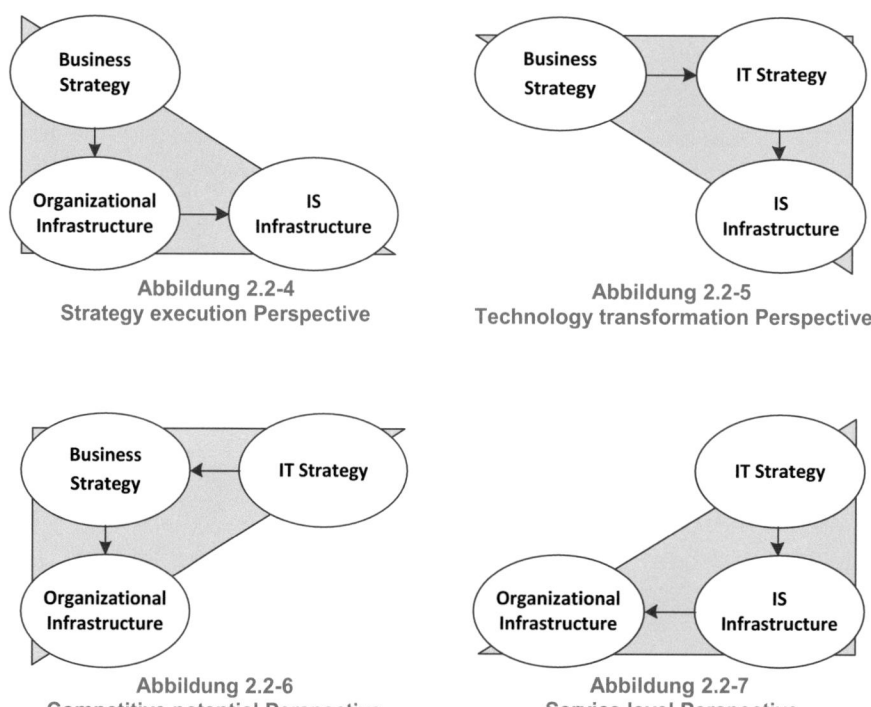

Abbildung 2.2-4
Strategy execution Perspective

Abbildung 2.2-5
Technology transformation Perspective

Abbildung 2.2-6
Competitive potential Perspective

Abbildung 2.2-7
Service level Perspective

Den umgekehrten Weg, beginnend bei der IT-Strategie über die Business Strategie bis in die Geschäftsprozesse, bildet die dritte Perspektive „Competitive potential" (Abbildung 2.2-6). Hierbei werden die Ressourcen und Fähigkeiten der IT (IT-Capabilities) genutzt, um neue Produkte und Dienstleistungen auf dem Markt zu positionieren oder um
neue Formen von Geschäftsbeziehungen aufzubauen. Dadurch nimmt
das Top Management die Rolle des „business visionary" ein, in der es
festlegt, inwiefern die IT-Capabilities Einfluss auf die Geschäftsstrategie
haben. Im Gegensatz dazu hat das IT-Management nun die Aufgabe,
die Trends im Umfeld zu erkennen und dem Top Management dabei zu
helfen, die Chancen und Risiken aus IT-Sicht zu verstehen.

Als Vierte und Letzte gibt es nach Henderson und Venkatraman (1999)
noch die Perspektive „Service level" des strategischen IT-Business-
Alignments (Abbildung 2.2-7). Der Fokus liegt im Aufbau einer „world-
class IS service organization". [HendersonVenkatraman1999 S.479]

Bedingung dafür ist aber das Verständnis des Zusammenspiels zwischen externer IT-Strategie und der internen Gestaltung der IT-Prozesse und –Infrastruktur. Die Rolle der IT-Manager ist dabei das interne „service business" erfolgreich zu gestalten. Die Rahmenbedingung, wie Verwendung von raren Ressourcen im Unternehmen, legt das Top Management in der Rolle des „prioritzer" fest.

Betrachtet man abschließend den Aufbau des SAM und seine Perspektiven lässt sich auch die Forschungsfrage wiedererkennen. Demnach sollen dann im Kapitel 3 Erkenntnisse gewonnen werden, wie sich die „functional integration" zwischen IT und Fachseite auf die interne Domäne der IT und im Detail auf die IT-Architektur auswirkt.

Schließlich soll nun im folgenden Abschnitt die Erkenntnisse zu dem strategischen IT-Business-Alignment noch einmal kurz zusammengefasst und die Eckpunkte festgehalten werden. Seit Jahren ist das IT-Business-Alignment die bestimmende Problematik für die Unternehmen [Luftman2010] und gilt als eine Reaktion auf das Produktivitätsparadoxon nach Brynjolfsson (1993). Dabei gilt es für die Unternehmen gerade die vielen verschiedenen Dimensionen des Alignments, die sich in der Literatur finden lassen, zu beachten. Generell kann man bei der Sicht auf das Alignment entweder von einem Zustand oder dem Prozess der Abstimmung von IT und Business im Unternehmen sprechen. Dabei bleibt aus der Perspektive des Zustandes festzuhalten, dass das Alignment durchaus eine nachgewiesene Wirkung auf die Performance im Unternehmen hat. Jedoch ist das nur eine indirekte Wirkung, entweder über die IT-Projekte [KearnsSabherwal2006] oder über die IT-Flexibilität und der Nutzung von IS [Beimborn2006]. Zudem bestehen gerade für die Unternehme gewisse Probleme diesen Zustand des Alignments zu messen. Auf der anderen Seite kann man das IT-Business-Alignment auch als einen fortlaufenden Prozess der Abstimmung sehen. Die wichtigsten Erfolgsfaktoren des strategischen Alignments betreffen vor allem das Top Management und deren Einstellung bezüglich der IT. Darüber hinaus lassen sich in der Literatur auch Methoden und Herangehensweisen finden die den Prozess fördern, wie zum Beispiel die Einführung von Balanced Score Cards. Aber dieser Prozess ist in Praxis mit vielen Schwierigkeiten behaftet. Gerade die unterschiedlichen Auffassungen von Problemstellungen sind hierbei hinderlich. Um ein abschließendes gesamtes Bild vom strategischen Alignment zu bekommen, eignet sich vor allem die Betrachtung des Strategic Alignment Model (SAM) von Henderson und Venkatraman

(1999). Dabei sind die Perspektiven auf das SAM gut geeignet, Betrie-
be mit unterschiedlichen Unternehmenskulturen mögliche Wege zur
Erreichung des strategischen Alignments aufzuzeigen.

3 Auswirkungen des strategischen IT-Business-Alignment

Nach der vorangegangenen Reflexion des Wissenstandes zur IT-Architektur und des strategischen Alignments in der Literatur und auch in der Praxis widmet sich dieses Kapitel nun der eigentlichen Forschungsfrage: Welchen Einfluss und Auswirkungen hat das strategische IT-Business-Alignment auf die konkrete Gestaltung der IT-Architektur in den Unternehmen? Zur Beantwortung wird in diesem Kapitel zunächst einmal das zu Grunde liegende Forschungsmodell erläutert und der Fragenkatalog aufgezeigt mit dem die latenten Variablen gemessen wurden. Danach soll kurz die Herkunft der Daten und das Vorgehen bei der Auswertung gezeigt werden, bevor dann schlussendlich die Ergebnisse der Untersuchung präsentiert werden.

3.1 Forschungs- und Messmodell

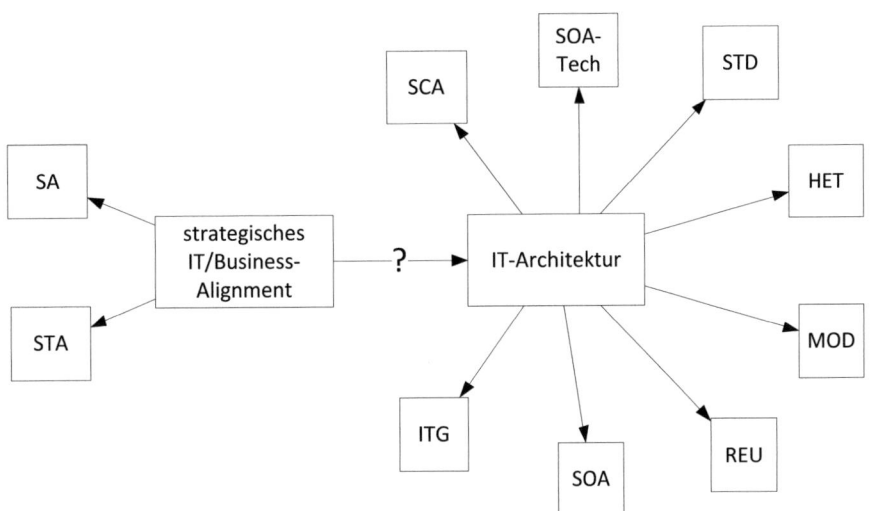

Abbildung 3.1-1 Forschungsmodell

Das in Abbildung 3.1-1 zu sehende Forschungsmodell greift die Forschungsfrage zentral auf. Dabei wird auf der linken Seite die latente Variable „strategisches IT/Business-Alignment" durch die zwei 2 Faktoren „strategisches Alignment bei den Strategien" (SA) und „strategisches Alignment bei den Organisationsstrukturen" (STA) bestimmt. Auf der rechten Seite ist die Gestaltung der IT-Architektur durch die folgenden sieben Eigenschaften bestimmt: Integration und Kompatibilität (ITG), Skalierbarkeit (SCA), Wiederverwendbarkeit (REU), Modularität (MOD), Heterogenität (HET), Verwendung von Standards (STD) und Serviceorientierung in der IT-Architektur (SOA). Hinzu kommt noch eine

Betrachtung der Auswirkung auf die Verwendung und Einsatzreichweite von SOA-Technologien (SOA-Tech) mit einem eigenen Fragenblock.

Nachfolgend sind in den Tabellen 3.1-1 und 3.1-2 die Aussagen aufgeführt, mit denen die Unternehmen, zusammen mit einer 5er-Likert-Skala für Alignment oder 7er-Likert-Skala für die jeweiligen Eigenschaften der Architektur, befragt wurden.

Eigenschaft / Faktor	Kürzel	Aussage
Integration und Kompatibilität	ITG1	Der Austausch von Daten zwischen verschiedenen Applikationen ist leicht möglich.
	ITG2	Daten einer Applikation lassen sich leicht in einer anderen Applikation nutzen.
	ITG3	Wir können leicht konsolidierte Sichten auf alle einen Kunden betreffenden Daten erzeugen.
	ITG4	Zusätzliche Datenformate (EDI, XML) können wir leicht in unsere Applikationen integrieren.
Skalierbarkeit	SCA1	Unsere IT-Infrastruktur kann Spitzen in den Transaktionsvolumina leicht kompensieren.
	SCA2	Die IT-Infrastruktur stellt genügend Kapazität bereit, um Zusatzaufträge leicht abzuwickeln.
	SCA3	Die Performance unserer IT-Infrastruktur erfüllt unsere Geschäftsbedarfe vollständig.
Wiederverwendbarkeit	REU 1	Neue Funktionen in unseren Applikationen können größtenteils durch die Wiederverwendung bereits bestehender Komponenten (z. B. Services) realisiert werden.
	REU 2	Viele unserer Applikationen bestehen aus wiederverwendbaren Softwarekomponenten.
	REU 3	Funktionalitäten von Altsystemen können wir leicht in anderen Systemen weiterverwenden.
Modularität	MOD 1	Wir können unseren Applikationen ohne größere Probleme neue Funktionalitäten hinzufügen.

| Modularität | MOD | Durch den Austausch oder die Verände- |

	2	rung einzelner Komponenten wird die restliche IT-Infrastruktur nicht beeinträchtigt.
	MOD 3	Unsere Applikationen setzen sich aus klar abgegrenzten Modulen zusammen.
Heterogenität	HET1	Wir haben eine sehr homogene IT-Landschaft.
	HET2	Wir verwenden ausschließlich Standardsoftware.
	HET3	Wir verwenden sehr viele verschiedene Plattformen (Betriebssysteme, Programmiersprachen).
Verwendung von Standards	STD1	Die Schnittstellen unserer Applikationen basieren auf etablierten Standards.
	STD2	Unser Unternehmen setzt Prozessmodelle (z. B. RosettaNet, ebXML) ein, um einen möglichst hohen Grad an Geschäftsprozessstandardisierung zu erreichen.
	STD3	Wir greifen beim Entwurf unserer Schnittstellen auf fachliche Standards (Prozess-, Funktions-, Datenmodelle) zurück.
Serviceorientierung	SOA 1	Unser Unternehmen hat seine IT-Architektur weitgehend serviceorientiert realisiert.
	SOA 2	Unsere IT-Landschaft gehorcht weitgehend dem serviceorientierten Paradigma.
	SOA 3	Serviceorientierung ist das primäre Designprinzip unserer IT-Architektur.
	SOA 4	Alle unsere Anwendungen sind über serviceorientierte Schnittstellen integriert.

Tabelle 3.1-1 Übersicht Aussagen für IT-Architektur

Eigenschaft / Faktor	Kürzel	Aussage
Strategisches Alignment (Strategien)	SA1	Die IT-Strategie unseres Unternehmens ist gut auf die Geschäftsstrategie abgestimmt.
	SA2	Unsere IT-Investitionen sind gut auf unsere Geschäftsziele abgestimmt.
	SA3	Die Geschäftsstrategie wird von der IT-Strategie effektiv unterstützt.
Strategisches Alignment (Organisationsstrukturen)	STA1	Die IT ist hinreichend in der Unternehmensführung repräsentiert.

Strategisches A-lignment (Organi-sationsstrukturen)	STA2	Die IT-Leitung ist an Geschäftsstrategie-Meetings aktiv beteiligt.
	STA3	IT-Projektportfolios werden in enger Abstimmung zwischen IT und Fachbereichen bewertet.
	STA4	IT-Architekturgremien auf strategischer Ebene sind mit Vertretern der IT und der Fachbereiche besetzt.
	STA5	Für IT-Projekte gibt es immer einen Sponsor auf der Fachbereichsseite.
Taktisch-operatives Alignment	TOA1	IT-Bereich und Fachbereiche arbeiten in Projekten und im Tagesgeschäft eng zusammen.
	TOA2	IT-Entwicklungsprojekte werden in enger Abstimmung zwischen IT und Fachbereichen durchgeführt.
	TOA3	Priorisierungen von Change-Requests finden in enger Abstimmung zwischen IT und Fachbereichen statt.
	TOA4	IT und Fachbereiche tragen die Risiken von IT-Projekten gemeinsam.

Tabelle 3.1-2 Übersicht Aussagen strategisches Alignment

Im Fragenblock zu der Verwendung und der Einsatzreichweite von SOA-Technologien konnten die Unternehmen zu den in Tabelle 3.1-3 aufgeführten Technologien folgende Antworten angeben: Technologie unbekannt, kein Einsatz, Pilotbetrieb, in einzelnen Projekten, Einsatz in ausgewählten Geschäftsbereichen, Geschäftsbereichsübergreifend oder Unternehmensweit.

Einsatzreichweite von SOA-Technologien im Unternehmen	
SOT1	XML als einheitliches Datenaustauschformat
SOT2	Web-Services (WSDL, SOAP)
SOT3	Service Bus (z. B. ESB) oder eine andere (ganzheitliche) Integrationsplattform
SOT4	Service Registry/Repository
SOT5	Service-Orchestrierung z. B. mit BPEL
SOT6	Business Activity Monitoring (BAM) zur Überwachung und Optimierung der Geschäftsprozesse
SOT7	Rule Engines zur automatisierten Verwaltung von Geschäftsregeln
SOT8	Service Component Architecture (SCA) oder Service Data Objects (SDO)

Tabelle 3.1-3 Übersicht Fragen SOA-Technologien

3.2 Daten und Vorgehen

Die Daten für die folgenden Auswertungen stammen aus einer Umfrage im Jahr 2009 zur „Bedeutung der Flexibilität von IT-Architekturen für den Unternehmenserfolg" des Lehrstuhls für Wirtschaftsinformatik, insb. Informationssysteme in Dienstleistungsbereichen von Professor Dr. Weitzel. Sie ist bei den 3.000 größten deutschen Dienstleistungsunternehmen durchgeführt worden und als Ergebnis liegen 247 beantwortete und verwertbare Datensätze vor. Aufgrund von zum Teil nicht interpretierbaren oder nicht gegebenen Antworten kann die Anzahl je Fragestellung beziehungsweise je Faktor von diesen 247 abweichen. Besonders der Teil des Fragebogens mit den Fragen zu dem IT-Business-Alignment haben weniger Unternehmen erhalten, wodurch sich die Anzahl der Datensätze auf maximal 159 beschränkt, die für die Auswertung der Auswirkungen zur Verfügung stehen.

Vor den möglichen Auswertungen wurde eine Hauptachsen-Faktoranalyse für jede der Variablen vorgenommen und damit zum Beispiel ein Faktorwert für ITG aus den Daten zu ITG1, ITG2, ITG3 und ITG4 extrahiert. Da diese Werte nach Extraktion zunächst metrisch skaliert vorliegen, wurden sie anhand einer Klassifikation in fünf Klassen in eine Ordinalskala gebracht, um leichter Gruppenbetrachtungen durchführen zu können. Dabei spiegelt jeweils 1 zum Beispiel ein sehr geringes, 2 ein geringes, 3 ein mittleres, 4 ein hohes und 5 ein sehr hohes Maß an strategischem Alignment wieder.

3.3 Ergebnisse

Ausgehend von der gesonderten Betrachtung des Ausmaßes des IT-Business-Alignments und der Gestaltung der Architekturen in den befragten Unternehmen, werden in Kapitel 3.3.3 die gefundenen Auswirkungen des Alignments auf die IT-Architektur und den Einsatz von SOA-Technologien präsentiert.

3.3.1 Stand des Alignments in den Unternehmen

	Sehr niedrig	Niedrig	Mittel	Hoch	Sehr hoch	Mittel-wert	Anzahl N
Strategisches Alignment (Strategien)	9,43%	16,35%	52,20%	22,01%	0,00%	2,868	159
Strategisches Alignment (Organisations-strukturen)	7,69%	17,95%	41,03%	32,05%	1,28%	3,013	156
Taktisch-operatives Alignment	8,28%	21,66%	38,22%	25,48%	6,37%	3,000	157

Tabelle 3.3-1 Stand des Alignments

Wenn man sich zunächst einmal die Mittelwerte aller antwortenden Unternehmen in der Untersuchung ansieht, weißen diese ein tendenziell höheres Alignment auf taktisch-operativer Ebene und auf der Organisationsstrukturebene vor. Betrachtet man darauf die genaue Verteilung der Unternehmen in die verschiedenen Kategorien, fällt ein besonderer Aspekt auf. Keines von den 159 Unternehmen kann ein sehr hohes Maß an strategischen Alignment, bezogen auf die Strategieabstimmung, vorweisen. Darüber hinaus überwiegt die Anzahl der Unternehmen mit niedriger oder sehr niedriger Abstimmung der Strategien gegenüber der Zahl der Unternehmen mit einem hohen Maß an Alignment auf dieser Ebene. Insgesamt weißt der Großteil der Unternehmen in den jeweiligen drei Ebenen des Alignments ein mittleres Maß vor, wobei tendenziell ein höheres strategisches Alignment bei den Organisationsstrukturen vorliegt.

3.3.2 Stand der Gestaltung von IT-Architekturen

	Sehr niedrig	Niedrig	Mittel	Hoch	Sehr hoch	Mittel-wert	Anzahl N
Service-orientierung	0,00%	44,30%	21,94%	25,74%	8,02%	2,975	237
Integration und Kompatibilität	8,30%	21,16%	40,25%	24,48%	5,81%	2,983	241
Skalierbarkeit	10,33%	14,05%	34,30%	41,32%	0,00%	3,066	242
Verwendung von Standards	7,53%	25,94%	32,22%	32,64%	1,67%	2,950	239
Heterogenität	1,63%	31,84%	37,96%	22,04%	6,53%	3,000	245
Modularität	4,51%	25,00%	40,16%	27,46%	2,87%	2,992	244
Wiederverwend-barkeit	5,93%	30,08%	26,69%	34,32%	2,97%	2,983	236

Tabelle 3.3-2 Gestaltung von IT-Architekturen

Bei einem Blick auf die Gestaltung der IT-Architekturen in den Unternehmen (Tabelle 3.3-2) lassen sich wiederum interessante Aspekte finden. Einerseits ist dabei die Skalierbarkeit in der Architektur zu sehen. Zwar kann kein Unternehmen einen sehr hohen Grad in ihrer Architektur vorweisen, aber es überwiegt die Anzahl der Unternehmen mit einer hohen Skalierbarkeit gegenüber der Zahl mit niedriger und sehr niedriger Skalierbarkeit. Es scheint, dass jedes Unternehmen ein gewisses Ausmaß eine Serviceorientierung in ihrer Architektur hat, auch wenn dieses in den meisten Fällen gering ausfällt. Beleg hierfür ist, dass keines der Unternehmen einer sehr niedrigen oder sogar keiner Serviceorientierung in der Architektur zugestimmt hat. Zu diesem Punkt ist auch der Vergleich der Antworten zur Modularität und Wiederverwendbarkeit, die beide den serviceorientierten Ansatz (vgl. Kap. 2.1.2.4) ausmachen, bemerkenswert. Hierbei lassen sich nun Unternehmen finden, die ein sehr niedriges Ausmaß vorweisen. Mit einer genauen Analyse der Antworten lassen sich 15 Unternehmen finden, die angeblich eine niedriges Maß an Serviceorientierung haben, jedoch mindestens in einer der zwei Eigenschaften noch schlechter sind. Nur in zwei Fällen sind beide Werte für Wiederverwendbarkeit und Modularität auf einem sehr niedrigen Niveau von Serviceorientierung. Ansonsten haben nur noch zehn Unternehmen bei mittlerer bis sehr hoher Ausprägung in der Serviceorientierung, in den beiden Anderen einen niedrigen Wert.

In dem Punkt der Serviceorientierung bei der Ausgestaltung der IT-Architektur hat die zusätzliche Befragung nach dem Einsatz und dessen Reichweite von den SOA-Technologien zu den Ergebnissen in Tabelle 3.3-3 geführt. Dabei sind gerade XML und Web-Services in den meisten Unternehmen (201 bei XML, 149 bei Web Services) zumindest bei einzelnen Projekten im Einsatz. Dagegen sind die restlichen SOA-Technologien zumeist entweder nicht im Einsatz oder den Unternehmen sogar noch unbekannt. Bemerkenswert ist eine relativ starke Anwendung von SCA im gegensatz zur Verwendung von Service-Orchestrierungen, obwohl der SCA-Standard im Vergleich wesentlich später entwickelt und auf den Markt gebracht wurde. (vgl. Kap. 2.1.3 Historie der SOA-Technologien)

	kein Einsatz / unbekannt	Pilot-betrieb	einzelne Projekte	ausgewählter Geschäftsbereich	Bereichs-übergreifend	Unter-nehmens-weit
XML	38	6	93	59	29	20
Web-Services	85	11	73	39	22	15
Service Bus	155	8	26	28	13	10
Service Registry / Repository	156	11	38	18	16	3
Service-Orchestrierung	199	14	16	8	2	0
Business Activity Monitoring (BAM)	170	14	26	17	12	3
Rule Engines	175	12	29	17	6	4
Service Component Architecture (SCA)	195	14	21	7	1	1

Tabelle 3.3-3 Übersicht Angaben zum Einsatz von SOA-Technologien

3.3.3 Auswirkungen des Alignments auf die Gestaltung

Die erste Untersuchung mit dem Ziel, die Auswirkungen des strategischen Alignments auf die Gestaltung aufzudecken, erfolgt mit Hilfe des Spearmans Rangkorrelationskoeffizienten, der die Korrelation der jeweiligen Ränge misst. Daher bedeuten die Werte in Tabelle 3.3-4, inwiefern sich, beispielhaft bei einem sehr niedrigen Rang im strategischen Alignment, auf einen sehr niedrigen Rang bei der Benutzung von Standards schließen lässt.

	Strategisches Alignment (Strategien)	Strategisches Alignment (Organisationstrukturen)
Integration und Kompatibilität (ITG)	0,265**	0,258**
Benutzung von Standards (STD)	0,333**	0,254**
Heterogenität (HET)	-0,199*	-0,132
Skalierbarkeit (SCA)	0,253**	0,189*
Modularität (MOD)	0,216**	0,161*
Wiederverwendbarkeit (REU)	0,128	0,099
Serviceorientierung (SOA)	0,199*	0,193*

Tabelle 3.3-4 Übersicht Korrelationen (Spearmans Rho) ** $\alpha < 0,01$; * $\alpha < 0,05$

Wie man in der Tabelle 3.3-4 sehen kann, besteht der größte signifikante Zusammenhang zwischen der Strategieabstimmung und der Benutzung von Standards in der IT-Architektur. Eine weitere Erkenntnis ist, dass beide Alignment-Ebenen negativ mit der Heterogenität korrelieren, wobei aber nur der Zusammenhang mit dem Alignment auf Strategieebene signifikant ist. Das bedeutet, ein hohes Maß an Alignment führt zu mehr Homogenität in der IT-Architektur. Zwischen der Wiederverwendbarkeit von einzelnen Komponenten innerhalb der Architektur und dem Grad an strategischen Alignment liegt zwar eine positive Korrelation vor, jedoch ist sie auf beiden Ebenen bei einem Niveau von 5% nicht signifikant. Auch eine Ausweitung der Betrachtung auf das taktisch-operative Alignment ergibt nur einen nicht-signifikanten positiven Zusammenhang (0,122). Sehr interessant ist zudem die Tatsache, dass das Alignment mit der Serviceorientierung in der IT-Architektur signifikant positiv korreliert. Insgesamt lässt sich festhalten, dass eine bedeutsame Wirkbeziehung zwischen dem strategischen Alignment und den Architektureigenschaften Integration, Skalierbarkeit, Modularität, Serviceorientierung und der allgemeinen Verwendung von Standards besteht.

Neben dem reinen Zusammenhangsmaß ist es zusätzlich sinnvoll, die genaue Wirkungsbeziehung durch einen Gruppenvergleich genauer zu betrachten. Dafür werden die Unternehmen mit sehr niedrigen und niedrigen Alignment als die Eine und die Unternehmen mit einem hohen und sehr hohen Grad an strategischem Alignment als die zweite Gruppe definiert. Daraufhin führt ein Vergleich, mittels eines T-Tests für die Mittelwertgleichheit, für jeden Architekturfaktor zu den in den Tabellen 3.3-5 und 3.3-6 zu sehenden Ergebnissen. Zusätzlich ist zu jedem der Mittelwerte noch die Anzahl N der Unternehmen in dieser Gruppe angegeben. Der Wert für die beidseitige Signifikanz ist dabei der SPSS-Auswertung unter der Bedingung entnommen, dass eine ungleiche Varianz vorliegt. Das bedeutet eine zum Teil geringfügig andere Irrtumswahrscheinlichkeit, aber keine mittlere Differenz hat dadurch an Signifikanz verloren oder gewonnen. Zudem hat die Prüfung aller Varianzen die Wahl bestätigt.

	$MW_{niedrig}$	$N_{niedrig}$	MW_{hoch}	N_{hoch}	mittlere Differenz	Signifikanz (2-seitig)
ITG	2,54	41	3,26	34	-0,728	0,005
STD	2,46	41	3,39	33	-0,931	0,000
HET	3,24	41	2,74	35	0,501	0,027
MOD	2,65	40	3,17	35	-0,521	0,012
REU	2,92	39	3,29	34	-0,371	0,108
SCA	2,63	40	3,31	35	-0,689	0,004
SOA	2,62	39	3,24	34	-0,620	0,008

Tabelle 3.3-5 T-Test für die Mittelwertgleichheit bei strat. Alignment (Strategien)

Bis auf die Wiederverwendbarkeit führt ein höherer Grad an Alignment im Mittel zu einem signifikanten Anstieg der Faktoren ITG, STD, MOD, SCA und SOA, beziehungsweise zu einer Verminderung der Heterogenität (vgl. Tabelle 3.3-5). Im Fall der Wiederverwendbarkeit bestätigt sich das Ergebnis von der Korrelationsbetrachtung, da zwar eine positive Auswirkung mit gestiegenem Alignment, jedoch wieder nur eine nicht-signifikante mittlere Differenz, vorliegt.

	$MW_{niedrig}$	$N_{niedrig}$	MW_{hoch}	N_{hoch}	mittlere Differenz	Signifikanz (2-seitig)
ITG	2,42	40	3,28	50	-0,855	0,000
STD	2,53	40	3,2	50	-0,675	0,002
HET	3,33	40	2,92	52	0,402	0,043
MOD	2,58	40	3,02	51	-0,445	0,033
REU	2,76	38	3,1	50	-0,337	0,122
SCA	2,8	40	3,28	50	-0,480	0,027
SOA	2,56	39	3,14	49	-0,579	0,006

Tabelle 3.3-6 T-Test für die Mittelwertgleichheit bei strat. Alignment (Organisationsstrukturen)

Ein sehr ähnliches Bild liefert die Betrachtung bezüglich des strategischen Alignments auf der Ebene der Organisationsstrukturen (Tabelle 3.3-6). Jedoch bei der Heterogenität zeigt sich mittels dieses Vergleiches doch ein signifikanter Unterschied im Mittelwert bei einem höheren Ausmaß an Alignment bei den Organisationsstrukturen. Einzige nicht-signifikante Beziehung ist auch hier der Vergleich der Wiederverwendbarkeit bei niedrigem und hohem Alignment.

Die soeben aufgezeigten Auswirkungen lassen sich grafisch mit Hilfe der univariaten Varianzanalyse abschließend zusammenfassen. Dabei wird in Bezug auf die Strategieabstimmung die größte Wirkung auf die Verwendung von Standards und die nicht-signifikanten Wirkung auf die Wiederverwendbarkeit noch einmal aufgegriffen. Hierfür werden nun aber nicht die zusammengefassten Gruppen wie im T-Test für die Mittelwertgleichheit benutzt, sondern der Mittelwert jeder Kategorie für den jeweiligen Architektur-Faktor differenziert. Betrachtet man nun den, in Abbildung 3.3-1 zu sehenden, Anstieg der Mittelwerte für die Verwendung von Standards, spiegelt er sehr gut die Ergebnisse von oben wieder.

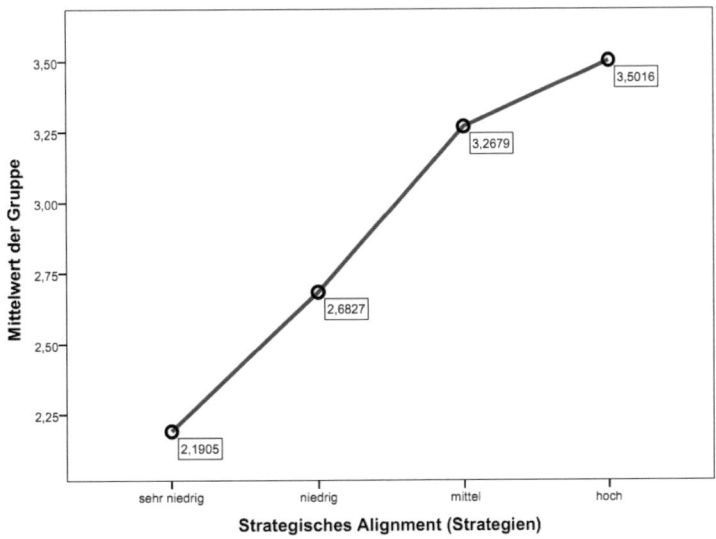

Abbildung 3.3-1 Profildiagramm Strategie-Alignment vs. Verwendung von Standards

Im Weiteren sind gerade die nicht-signifikanten Werte für die Wiederverwendbarkeit eine zusätzliche Betrachtung wert. Wie die Abbildung 3.3-2 ebenfalls erkennen lässt, liegt zwar ein positiver Zusammenhang vor, jedoch steigen die Mittelwerte nicht stetig mit einem höheren Grad an strategischem Alignment auf der Ebene der Strategien. Darin könnte dann die Ursache für die fehlende Signifikanz der obigen Werte liegen.

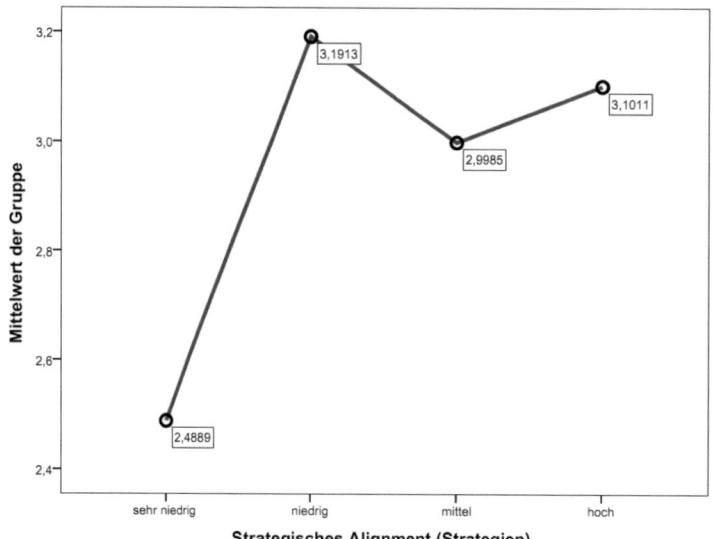

Abbildung 3.3-2 Profildiagramm Strategie-Alignment vs. Wiederverwendbarkeit

Auch im Fall des strategischen IT-Business-Alignments lassen sich in Bezug auf die Organisationsstrukturen zwei Aspekte noch einmal herausgreifen und gesondert grafisch betrachten. Zunächst wäre da der Zusammenhang mit der Integration und Kompatibilität innerhalb der IT-Architektur, der gemäß Tabelle 3.3-6 die größte mittlere Differenz aufweist. Diese Auswirkung lässt sich leicht auch sehr gut in Abbildung 3.3-3 erkennen, wobei aber zu beachten gilt, dass sich in der Gruppe mit sehr hohem Alignment nur 2 Unternehmen befinden.

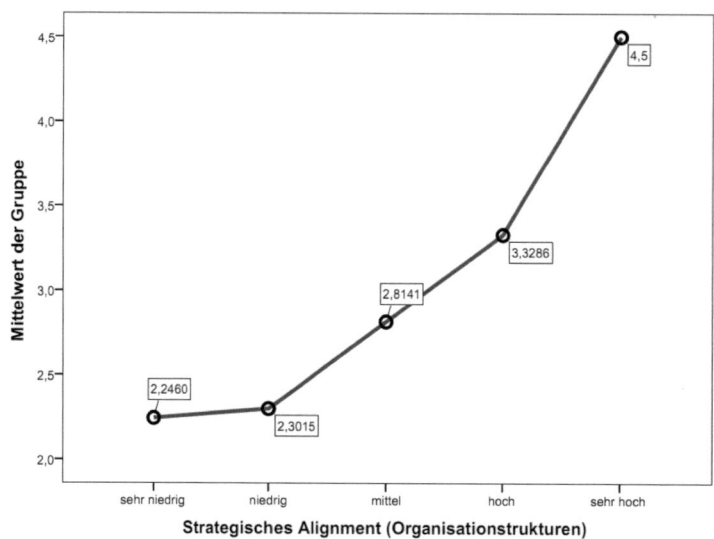

Abbildung 3.3-3 Profildiagramm Organisations-Alignment vs. Integration

Wie zuvor bei der Abstimmung der Strategien gäbe es auch hier gemäß der Tabelle 3.3-4 eine nicht-signifikante Korrelation mit der Wiederverwendbarkeit. Aber hier ist vor allem die Heterogenität, aufgrund der fehlenden Signifikanz im Zusammenhang mit dem Organisations-Alignment, eine weitere Betrachtung wert (Abbildung 3.3-4).

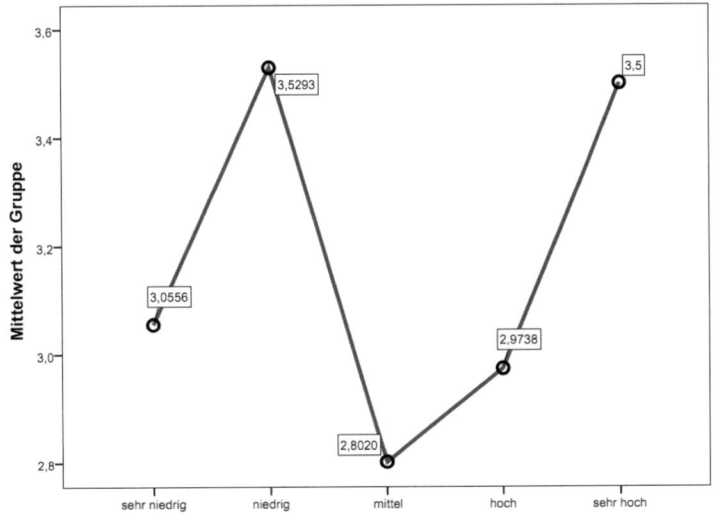

Abbildung 3.3-4 Profildiagramm Organisations-Alignment vs. Heterogenität

Der Grund für die hohe Irrtumswahrscheinlichkeit könnten die „Ausreißer" bei niedrigem und sehr hohem Alignment sein. Wohingegen eher die geringe Anzahl der Unternehmen, die den Werten bei einem sehr niedrigen (N=12) und dem sehr hohen Alignment (N=2) zugrunde liegen, dafür sprechen, diese als Ausreißer zu bezeichnen. Im Vergleich dazu umfasst die Gruppe mit niedrigem Organisations-Alignment 28 Unternehmen.

Eine weiterführende Einordnung und Interpretation der Auswirkungen des IT-Business-Alignments und deren Besonderheiten lassen sich in Kapitel 4 finden.

3.3.4 Auswirkungen des Alignments auf den Einsatz der SOA-Technologien

Führt man nun dieselbe Korrelationsbetrachtung wie unter 3.3.3, nur anstatt der Faktoren der IT-Architektur mit den SOA-Technologien, durch, kommt man zu den Ergebnissen In Tabelle 3.3-8. Hierzu werden die Antwortmöglichkeiten zur Einsatzreichweite wie folgt kodiert:

Kodierung	0	1	2	3	4	5
Technologie-einsatz	kein Einsatz / unbekannt	Pilotbetrieb	einzelne Projekte	ausgewählter Geschäftsbereich	Bereichs-übergreifend	Unternehmensweit
Alignment	-	sehr niedrig	niedrig	mittel	hoch	sehr hoch

Tabelle 3.3-7 Vergleich der Kodierungen für Einsatzreichweite und Alignment

Da die beiden Alignment-Variablen ebenfalls mit den Ziffern 1 bis 5 kodiert sind, kann der Rangkorrelationskoeffizient nach Spearman für die Fälle des generellen Einsatzes ermittelt werden. Dabei zeigt sich, dass es nur in den Fällen von XML und Web-Services signifikante positive Zusammenhänge mit den beiden Ebenen des strategischen Alignments gibt. Jedoch unabhängig davon, ob eine Signifikanz vorliegt oder nicht, scheint es, dass die höhere Korrelation tendenziell eher zwischen dem strategischen Alignment bei den Organisationstrukturen und der Einsatzreichweite der SOA-Technologien besteht.

	Strategisches Alignment (Strategien)	Strategisches Alignment (Organisationstrukturen)
XML	0,176*	0,237**
Web-Services	0,161*	0,241**
Service Bus	0,078	0,127
Service Registry / Repository	0,065	0,043
Service-Orchestrierung	0,021	0,107
Business Activity Monitoring (BAM)	0,034	0,106
Rule Engines	0,013	0,025
Service Component Architecture (SCA)	0,076	0,065

Tabelle 3.3-8 Übersicht Korrelationen (Spearmans Rho) ** $\alpha < 0,01$; * $\alpha < 0,05$

Betrachtet man mit demselben T-Test für Mittelwertgleichheit wie oben nun die Mittelwerte für die Benutzung von XML, Web-Services und dem Service Bus, kommt es zu den Ergebnissen aus den Tabellen 3.3-9 bis 3.3-11. Grund für die Aufnahme des Service Buses in die genauere Analyse ist das Ergebnis des Vergleichs mit dem taktisch-operativen Alignment (vgl. Tabelle 3.3-11). Hier zeigt sich ein äußerst knapper nicht-signifikanter Wert für die mittlere Differenz, obwohl sowohl bei der Korrelation, als auch bei den beiden anderen Mittelwertvergleichen eine weitaus höhere Irrtumswahrscheinlichkeit vorliegt.

	$MW_{niedrig}$	$N_{niedrig}$	MW_{hoch}	N_{hoch}	mittlere Differenz	Sig. (2-seitig)
XML	2,12	41	2,89	35	-0,764	0,023
Web-Services	1,46	41	2,14	35	-0,679	0,059
Service Bus	0,79	39	1,38	34	-0,587	0,125

Tabelle 3.3-9 T-Test für die Mittelwertgleichheit bei strat. Alignment (Strategien)

	MW$_{niedrig}$	N$_{niedrig}$	MW$_{hoch}$	N$_{hoch}$	mittlere Differenz	Sig. (2-seitig)
XML	1,80	40	2,75	52	-0,950	0,003
Web-Services	1,33	40	2,27	52	-0,944	0,005
Service Bus	0,82	39	1,24	51	-0,415	0,228

Tabelle 3.3-10 T-Test für die Mittelwertgleichheit bei strat. Alignment (Organisationsstrukturen)

	MW$_{niedrig}$	N$_{niedrig}$	MW$_{hoch}$	N$_{hoch}$	mittlere Differenz	Sig. (2-seitig)
XML	1,98	47	2,70	50	-0,721	0,014
Web-Services	1,34	47	2,12	50	-0,780	0,010
Service Bus	0,67	45	1,31	48	-0,646	0,050

Tabelle 3.3-11 T-Test für die Mittelwertgleichheit bei taktisch-operatives Alignment

Zudem lässt sich festhalten, dass die Erkenntnisse aus der Korrelationsbetrachtung auch hier zu finden sind. Die größte Auswirkung, also mittlere Differenz zwischen den beiden Gruppen mit niedrigen oder hohen Alignment, befinden sich auf der Ebene der Organisationsstrukturen bei der Verwendung von XML und Web-Services. Zudem sind diese Differenzen statisch höchst signifikant.

4 Konklusion und Diskussion

Nachdem im vorangegangenen Kapitel die Ergebnisse der statistischen Untersuchung präsentiert wurden, soll nun abschließend versucht werden, diese Erkenntnisse einzuordnen und zu interpretieren. Darüber hinaus steht am Ende dieser Thesis nach der Limitation noch die Einschätzung über die Folgen und Bedeutung für die Unternehmen aufgrund dieser Erkenntnisse. Zunächst soll sich nun den Besonderheiten in den Ergebnissen zugewandt werden.

4.1 Besonderheiten

Reflektiert man noch einmal die oben genannten Ergebnisse lässt sich zunächst erkennen, dass es kein Unternehmen in den verfügbaren Datensätzen gibt, das eine sehr hohe Abstimmung der Geschäftsstrategie mit der IT-Strategie vorweisen kann. Diese Tatsache verwundert insofern, da das IT-Business-Alignment über Jahre hinweg auf der Agenda der Unternehmen ganz oben steht. [Luftman2010] Eine mögliche Ursache könnte in der Auswertung der Fragebögen beziehungsweise der Rohdaten liegen. Das heißt, dieser Effekt tritt nur aufgrund der durchgeführten Faktoranalyse mit der Hauptachsen-Methode und der nachfolgenden Klassifizierung. Oder der Grund hierfür ist in den Schwierigkeiten im Alignment-Prozess (vgl. Kap. 2.2.2.3) zu sehen, wobei die Anzahl der Unternehmen mit einem hohen Alignment (22%) schon einen hohen Wert darstellen. Die Schwierigkeit könnte somit sein, dass zum einen keine klare oder eine häufig wechselnde Business Strategie gibt, auf die sich die IT immer wieder neu abstimmen muss. Oder es sind die von Huang und Hu (2007) beschriebenen Unterschiede in Kultur und Sprache zwischen IT und Business, die eine optimale Abstimmung der Strategien verhindert. Möglicherweise fürchten viele Unternehmen auch das Alignment-Paradoxon nach Tallon (2003), beziehungsweise den Verlust an Flexibilität im Unternehmen, wenn beide Strategien sehr eng auf einander abgestimmt sind. Darüber hinaus scheint es für die Unternehmen tendenziell leichter zu sein, das taktisch-operative und das strategische Alignment auf Ebene der Organisationsstrukturen zu erreichen.

Bei Betrachtung der Eigenschaften der IT-Architekturen in den Unternehmen treten ebenfalls Besonderheiten auf. Da wäre auf der einen Seite die Tatsache, dass kein Unternehmen (nach eigenen Angaben) keine oder nur eine sehr geringe Serviceorientierung in der Architektur vorweist. Eine mögliche Ursache hierbei könnte die Tatsache sein, dass einige Unternehmen noch immer den Begriff Serviceorientierung oder SOA sehr inflationär benutzen, obwohl doch meist nur Web-Services in der Architektur verwendet werden und keine unternehmensweite Integrationsplattform vorliegt (vgl. Abbildung 4.1-1 und 4.1-2). Möglicherweise kann es auch sein, dass SOA, wie auch Gartner's Hype Cycle for Emerging Technologies aus 2010[2] zu entnehmen ist, kein Hype-Thema mehr darstellt und sich immer weiter auf dem „Plateau der Produktivität" befindet. Und aufgrund dessen auch mehr und mehr Unternehmen serviceorientierte Lösungen direkt „out-of-the-box" vom Markt beschaffen können.

Die andere Besonderheit ist, dass es wiederum kein Unternehmen gibt, dessen Architektur zu einem sehr hohen Maß skalierbar ist. Dabei lässt sich ein Zusammenhang mit den steigenden Kosten für diese sehr hohe Skalierbarkeit vermuten. Übersteigen diese Kosten den etwaigen Nutzen eines so skalierbaren Systems, widerstrebt es dem rationalen Handeln der Unternehmen, die Skalierbarkeit weiter auszubauen. Weder durch die Suche in der Literatur noch in den weiteren Daten aus der Umfrage lässt sich eine andere mögliche Erklärung für dieses Phänomen finden.

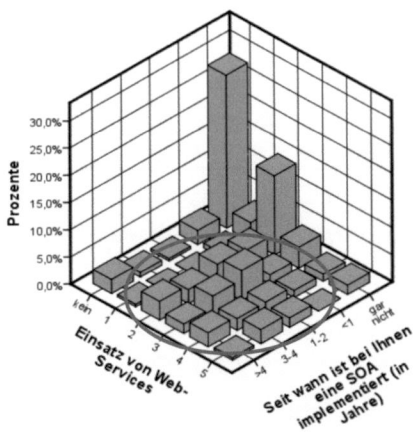 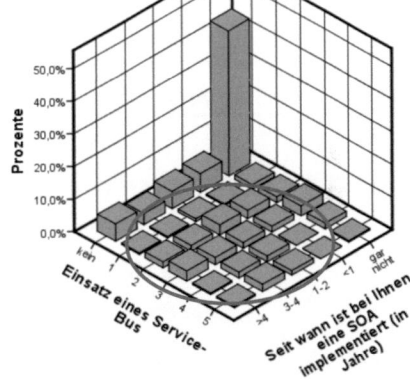

Abb. 4.1-1 Web-Services vs. SOA-Adoption   Abb. 4.1-2 Service Bus vs. SOA-Adoption

Eine weitere Besonderheit in den Ergebnissen aus Kapitel 3.3 ist die fehlende Signifikanz in den Zusammenhängen des strategischen IT-Business-Alignments mit der Wiederverwendbarkeit von einzelnen Funktionen der IT-Architektur. Sogar mit der erweiterten Betrachtung über die strategische Ebene hinaus zeigte sich kein signifikanter Wert für die Auswirkung. Insgesamt gesehen hat aber auch Alignment die

---

[2] http://blogs.gartner.com/hypecyclebook/2010/09/07/2010-emerging-technologies-hype-cycle-is-here/ aufgerufen am 21.02.2011

geringste Wirkung, bezogen auf die getestete mittlere Differenz, oder Korrelation bezüglich der Wiederverwendbarkeit. In der Literatur lässt sich dafür keine Begründung finden. Eine mögliche Erklärung wäre höchstens, dass Wiederverwendung eben nicht direkt von dem Ausmaß des Alignments abhängt, sondern indirekt über die Serviceorientierung oder der stärkeren Integration in der gesamten Architektur.

Bei Betrachtung der Auswirkungen auf Einsatz und Reichweite von SOA-Technologien liefern nur die Verwendung von XML und Web-Services signifikante Ergebnisse (vgl. Tabelle 3.3-8). Die Ursache hierfür ist in dem gesonderten Blick auf die Verbreitung (vgl. Tabelle 3.3-3) zu finden. Hieraus lässt sich erkennen, dass außer XML und Web-Services alle anderen Technologien bei der überwiegenden Mehrheit der Unternehmen entweder nicht im Einsatz sind oder die Technologien an sich noch unbekannt sind. An dieser Tatsache könnte wiederum die Entwicklung des Marktangebots für diese SOA-Technologien schuld sein (vgl. Kapitel 2.1.3.2). Der Blick auf die Entwicklungen zeigt aber gerade, dass sich so höchstens die Verbreitung bei einem Service-Bus oder vielmehr der SCA erklären lässt. Die anderen Technologien wie zum Beispiel das Service-Repository befinden sich zwar fast genauso lang auf dem Markt wie die Angebote zu Web-Services, jedoch geben fast doppelt so viel Unternehmen an, die Technologie nicht einzusetzen oder überhaupt nicht zu kennen.

Wiederum unerwartet ist die Tatsache, dass bei dieser Betrachtung der Einsatzreichweite von den SOA-Technologien sogar noch die Service Component Architecture (SCA) weiter verbreitet ist als die Möglichkeiten der Service-Orchestrierung. Wobei es deswegen erstaunlich ist, weil im Vergleich mit den Entwicklungen der SOA-Standards (vgl. Abbildung 2.1-16), zwischen der früheren Veröffentlichung des BPEL-Standards und der des SCA-Standards 5 Jahre liegen. Andererseits liegt zwar das jeweilige erste Marktangebot dieser Technologien näher zusammen, jedoch scheinen die Unternehmen weniger Bedarf an der Orchestrierung von mehreren Services zu haben. In der Literatur lässt sich dazu leider keine Erklärung finden. Einzige plausible Erklärung wäre, dass die Orchestrierung nicht auf der Ebene der Services in den Unternehmen vorgenommen wird, sondern bereits auf der Ebene darunter in den Anwendungen. Oder dass die Services trotz der möglichen Automatisierung, dennoch manuell durch den Benutzer aufgerufen werden.

4.2 Resümee

Abgesehen von den zuvor genannten Besonderheiten sollen in diesem Abschnitt die Erkenntnisse aus dieser Bachelor-Thesis abschließend zusammen getragen werden. Dabei stehen auf der einen Seite die Resultate der separaten Betrachtung des IT-Business-Alignments. Hierbei gilt festzuhalten, dass die Auseinandersetzung mit dem Thema des Alignments eine Folge des Produktivitätsparadoxon darstellt. [Teubner2006] Dabei sollte die grundsätzliche Unterscheidung des Alignments als Zustand und als fortlaufender Prozess beachtet werden. Das Ziel dieses Prozesses, also einen hohen Grad an Alignment zu erreichen, macht es notwendig, sich mit den vielen Dimensionen des Alignments [Chan2007] auseinander zu setzen. Denn durch diese Vielzahl an verschiedenen Facetten lässt sich auch möglicherweise das komplexe Wirkgeflecht zwischen dem IT-Business-Alignment und dem IT-Business-Value erklären. Dieses Wirkgeflecht zu identifizieren und aufzuzeigen ist der Hauptbeweggrund in der Forschung. Ein Teilbeitrag sind dabei die Erkenntnisse von Beimborn et al. (2006), denen zu Folge das Alignment eine signifikante Wirkung auf die Performance des Unternehmens hat, dies aber nur über die Zwischenfaktoren IT-Flexibilität und die Nutzung von IS. Zudem besteht noch eine Abhängigkeit vom IT-Strategietyp. Außerdem bleibt das Problem der generellen Messbarkeit des Zustandes beziehungsweise des Ausmaßes von Alignment in den Unternehmen, was gerade für die Unternehmen von entscheidender Bedeutung wäre. [Chan2007] Die zuvor angesprochene Besonderheit bei der Abstimmung der Strategien könnte auch hierin seine Wurzel haben. Insgesamt bleibt in diesem Zusammenhang festzuhalten, dass in den befragten Unternehmen ein tendenziell höheres Alignment bei den Organisationsstrukturen und auf taktisch-operativer Ebene vorliegt. Wobei man sagen muss, dass vielleicht auch bedingt durch die Befragung mit ungeraden Likert-Skalen die meisten Unternehmen ein mittleres Ausmaß auf allen drei Ebenen vorweisen.

Auf der anderen Seite stehen die Ergebnisse zum Thema IT-Architektur. Die IT-Architektur ist ebenfalls Teil des „Strategic Alignment Model" (SAM) nach Henderson und Venkatraman (1999). Sie beinhaltet die Aufbaustruktur oder auch den „Stadtplan" der IT-Infrastruktur. Die Erkenntnisse dieser Thesis auf diesem Gebiet lassen sich wie folgt zusammenfassen. Nach Ross (2003) kann sich die Architektur eines Unternehmens auf unterschiedlichen Reifestufen befinden, jedoch lässt sich erst ab einer IT-Infrastruktur mit zentral festgelegten Technologiestandards von einer unternehmensweite IT-Architektur sprechen. In den meisten Unternehmen liegen über die Zeit gewachsene Strukturen vor, die notwendigerweise heutzutage immer stärker innerhalb des Unternehmens integriert und in zum Teil weltweite Wertschöpfungsketten eingebunden werden müssen. Aus diesem Grund haben sich in den Jahren die aufgezeigten Ansätze entwickelt. Zunächst jedoch ist das Hauptaugenmerk der Integration rein auf der Daten- und Programmebene gelegen, aber mit Aufkommen des EAI-Ansatzes oder eines SOA-Ansatzes ist die Ebene der Geschäftsprozesse ebenfalls Ziel der fortschreitenden „End-to-End"-Integration. Im Weiteren ist in Kapitel 2.1.2 diese Evolution der Architekturansätze bis hin zur SOA aufgezeigt worden. Wichtig dabei ist die Tatsache, dass sich der SOA-Ansatz ebenfalls mittlerweile weiterentwickelt und unter anderem, Aspekte des „Event-driven" Ansatzes mit aufnimmt. In Bezug auf die Entwicklung und Verbreitung des SOA Ansatzes haben die Untersuchungen der Datensätze nur einen bedingten Zusammenhang ergeben, inwieweit die Entwicklung der Standards und des Marktangebots Einfluss auf die Verbreitung und die Reichweite des Einsatzes haben.

Zum Abschluss steht noch die Beantwortung der Forschungsfrage aus: Welche Auswirkungen hat das strategische IT-Business-Alignment auf die Gestaltungsfaktoren der IT-Architektur? Dem SAM und seinen Perspektiven zu Folge hat die Abstimmung der Strategien zwangsläufig eine Auswirkung auf die IT-Infrastruktur und –Prozesse. Jedoch ist es Ziel dieser Thesis die Auswirkungen auch mit Daten aus der Praxis zu identifizieren. Nach den Ergebnissen aus Kapitel 3.3 führen beide Ebenen des strategischen Alignments in erster Linie zu einer höheren Integration oder Kompatibilität innerhalb der Architektur und zu einer stärkeren Verwendung von Standards. Wobei diese untereinander ebenfalls eng zusammenhängen, denn umso mehr eine Architektur auf allgemeinen Standards aufgebaut ist, desto leichter lassen sich dadurch die einzelnen Systeme integrieren. Ein möglicher Grund für diesen Effekt des Alignments ist, sobald das Top Management und die IT-Führung eng zusammenarbeiten und sich verstehen, kein Wildwuchs durch nicht abgestimmte Anforderungen aus der Fachseite in der IT entstehen kann. Denn aufgrund eines gegenseitigen Verständnisses, versucht einerseits die IT möglichst viele Anforderungen zu erfüllen, aber dennoch im Rahmen der eigenen Architekturstandards zu bleiben. Was wiederum in diesem Fall von der Fachseite wegen der Unterstützung durch das Top Management akzeptiert wird.

Der nächst stärkere Effekt der Strategieabstimmung tritt bezüglich der Skalierbarkeit auf. Grund hierfür könnte in dem durch den Alignment-Prozess entstandenem besserem Verständnis für die wechselnde Inanspruchnahme durch die Fachseite liegen. Die IT kann hierdurch einfach zum Beispiel steigende Belastungen in Folge einer neuen Marketingstrategie früher durch Aufstocken der Kapazitäten abfangen. Im Zusammenspiel mit der Flexibilität, auf die das Alignment ebenfalls positiv wirkt [Beimborn2006], können Veränderung der Umwelt somit schnell antizipiert und darauf reagiert werden. Wodurch sich für das Unternehmen ein Wettbewerbsvorteil ergeben kann. Gerade hier bei der Verankerung der Wettbewerbsstrategie in der IT-Strategie ist die Ursache für den identifizierten Effekt denkbar.

Andererseits führt laut den Daten ein höheres Alignment auf der Ebene der Organisationstrukturen neben den oben genannten Faktoren zu einer vermehrten Serviceorientierung in der Architektur. Dieses Ergebnis bedeutet also umso enger die Fachbereiche und die IT in die Organisationstrukturen auf der Gegenseite eingebunden sind, desto stärker ist in der IT-Architektur das SOA-Paradigma als Designprinzip zu finden. Bei Masak (2007) lässt sich in diesem Bezug finden, dass mangelndes kognitives Alignment als Folge eine mangelnde Ausgestaltung der SOA-Services hat. Dabei werden die Services nur aus der IT-Sicht heraus identifiziert, was wiederum zu einer Nicht-Akzeptanz durch die Fachseite und Mehrkosten durch „ineffiziente Services" [Masak2007 S.136] für IT bedeutet. Im Umkehrschluss bedeutet dies doch, wenn ein sehr hohes strategisches Alignment und gegenseitiges Verständnis vorliegt, werden die Grundideen hinter der Einführung einer SOA von beiden Seite verstanden und getragen. Das hätte dann effiziente Services und insgesamt auch effektive SOA zur Folge. Dieses kognitive Alignment könnte auch die Ursache sein, die IT entlang den Geschäftsprozessen auszurichten, um ein bessere Unterstützung für die tägliche Arbeit zu bieten.

Insgesamt gesehen bewirkt ein höherer Grad an strategischen IT-Business-Alignment mit wenigen Ausnahmen auch eine signifikante Verbesserung der Eigenschaften einer IT-Architektur und damit auch ihren Beitrag zur Steigerung der Performance eines Unternehmens.

4.3 Limitationen

Bei den gesamten Erkenntnissen aus dieser Arbeit gilt es zu beachten, dass zum einen die Daten nur bei den 3000 größten deutschen Dienstleistern erhoben worden und auch nur maximal 247 Datensätze daraus hervorgegangen sind. Es könnten daher also durchaus nur Effekte sein, die speziell in dieser Branche auftreten. Des Weiteren beruhen die Informationen zu den Entwicklungen von Standards und Marktangebote der SOA-Technologien auf eigenen Recherchen. Die dafür zugänglichen Informationen auf den Webseiten der Firmen und Organisationen könnten unvollständig sein und somit das Bild auf den Werdegang verzerren.

4.4 Folgen für Theorie und Praxis

Für die weitere wissenschaftliche Arbeit auf diesem Gebiet bleibt festzuhalten. Die Ergebnisse müssten noch durch andere Studien in anderen Branchen verifiziert werden. Eventuell könnten dadurch oder insgesamt durch eine größere Anzahl der Datensätze die nicht-signifikanten Ergebnisse darauf mit Signifikanz bestätigt werden. Eine weitere Herausforderung sind die von Chan (2007) angesprochenen Probleme in der Messbarkeit beziehungsweise die Messmodelle für das IT-Business-Alignment in den Unternehmen. Hierbei gilt es für die Unternehmen praxisrelevante Wege zu finden, wie sie den Zustand des Alignment bei sich selbst messen können, um dadurch das Management der diesbezüglichen Maßnahmen zu vereinfachen. Zudem gilt es, nach den nun äußerst zahlreichen Nachweisen von positiven Auswirkungen des Alignments, vor allem den Fokus in der Forschung auf praxisrelevante Methoden und Hilfsmittel zu legen. Diese Methoden sollten den Unternehmen aufzeigen, wie sie einen gewünschten Grad an Alignment erreichen können.

Als wichtigen Nutzen der Ergebnisse dieser Thesis ist für die Unternehmen vor allem folgende Wirkungskette. Eine höhere Abstimmung auf strategischer Ebene zwischen der Fachseite und der IT führt zu einer stärkeren Integration der Anwendungssysteme und damit auch zu einer geringeren Heterogenität in der Gesamtarchitektur. Eine geringere Heterogenität hat eine geringere Komplexität zur Folge, was sich wiederum die Wartbarkeit der gesamten Architektur vereinfacht. Durch die leichtere Wartung können Kosten eingespart und somit ein monetärer Nutzen aus den Bemühungen um das IT-Business-Alignment gezogen werden. Im Weiteren müssen die Unternehmen nicht unbedingt vorwiegend die Strategien der Fachbereiche und IT in Einklang bringen, denn schon die strukturellen Abstimmung, wie zum Beispiel die Einbindung der IT in die Unternehmensführung, trägt zu einer Verbesserung der IT-Architektur und der zuvor beschriebenen weiterführenden Wirkungen bei.

Literaturverzeichnis

Aier, S., and Winter, R. 2009. "Virtuelle Entkopplung von fachlichen und IT-Strukturen für das IT/Business Alignment – Grundlagen, Architekturgestaltung und Umsetzung am Beispiel der Domänenbildung" Wirtschaftsinformatik (51:2), pp. 175–191.

Avison, D., Jones, J., Powell, P., and Wilson, D. 2004. "Using and validating the strategic alignment model," Journal of Strategic Information Systems (13), pp. 223–246.

Beimborn, D., Franke, J., Wagner, H. T., and Weitzel T. 2006. "Strategy matters - The role of strategy type for IT business value," Proceedings of the 12th Americas Conference on Information Systems (AMCIS).

Britton, C. 2000. IT architectures and middleware. Strategies for building large, integrated systems, Boston, Mass.: Addison-Wesley.

Bruns, R., and Dunkel, J. 2010. Event-Driven Architecture. Softwarearchitektur für ereignisgesteuerte Geschäftsprozesse, Berlin: Springer.

Brynjolfsson, E. 1993. "The Productivity Paradox of Information Technology: Review and Assessment," Communications of the ACM .

Chan, Y., and Reich, B. H. 2007. "IT alignment: what have we learned?," Journal of Information Technology (Palgrave Macmillan) (22:4), pp. 297–315.

Curry, E. 2004. "Message-Oriented Middleware," in Middleware for communications, Q. H. Mahmoud (ed.), Chichester: Wiley, pp. 1–28.

Erl, T. 2008. SOA. Principles of service design, Upper Saddle River, NJ: Prentice Hall.

Gorton, I., and Liu, A. 2004. "Architectures and Technologies for Enterprise Application Integration," in Proceedings of the 26th International Conference on Software Engineering, Washington, DC, USA: IEEE Computer Society, pp. 726-727.

Henderson, J. C., and Venkatraman, H. 1993. "Strategic alignment: Leveraging information technology for transforming organizations," IBM Systems Journal (32:1), pp. 472–484.

Huang, C. D., and Hu, Q. 2007. "Achieving IT-Business Strategic Alignment via Enterprise-Wide Implementation of Balanced Scorecards," Information Systems Management (24), pp. 173–184.

Kaib, M. 2002. Enterprise Application Integration. Grundlagen, Integrationsprodukte, Anwendungsbeispiele, Wiesbaden: Dt. Univ.-Verl.

Kearns, G. S., and Sabherwal, R. 2006. "Strategic Alignment Between Business and Information Technology: Strategic Alignment Between Business and Information Technology," Journal of Management Information Systems (23:3), pp. 129–162.

Krafzig, D. 2010. "Serviceorientierte Architekturen (SOA)," in Informationsverarbeitung in Versicherungsunternehmen, M. Aschenbrenner, R. Dicke, B. Karnarski, and F. Schweiggert (eds.), Berlin, Heidelberg: Springer-Verlag Berlin Heidelberg, pp. 163–174.

Liebhart, D. 2007. SOA goes real. Service-orientierte Architekturen erfolgreich planen und einführen, München: Hanser.

Luftman, J. 2003. "Assessing IT/Business Alignment," Information Systems Management (20:4), pp. 9–15.

Luftman, J., and Ben-Zvi, T. 2010. "Key Issues for IT Executives 2009: Difficult Economy's Impact on IT," MIS Quarterly Executive (9:1).

Masak, D. 2006. IT-Alignment. IT-Architektur und Organisation, Berlin, Heidelberg: Springer-Verlag Berlin Heidelberg.

Masak, D. 2007. SOA? Serviceorientierung in Business und Software, Berlin, Heidelberg: Springer-Verlag Berlin Heidelberg.

Monson-Haefel, R. 2000. Enterprise JavaBeans, Beijing: O'Reilly.

Natis, Y. 2003. "Service-Oriented Architecture Scenario," Gartner Research (ed.).

Ross, J. 2003. "Creating a strategic IT architecture competency: Learning in stages," MIS Quarterly Executive (2:1), pp. 31–43.

Ross, J. W., Weill, P., and Robertson, D. C. 2006. Enterprise architecture as strategy. Creating a foundation for business execution, Boston, Mass.: Harvard Business School Press.

Sauer, C., and Willcocks, L. P. 2002. "The Evolution of Organizational Architect," MIT Sloan Management Review (43:3), pp. 41–49.

Schulte, R., and Natis, Y. 1996. ""Service Oriented" Architectures, Part 1," Gartner Research (ed.).

Tallon, P. P., and Kraemer, K. L. 2003. "Investigating the Relationship between Strategic Alignment and IT Business Value: The Discovery of a Paradox," in Creating business value with information technology. Challenges and solutions, N. Shin (ed.), Hershey, Pa.: Idea Group Publ., pp. 1–22.

Teubner, A. 2006. "IT/Business Alignment," Wirtschaftsinformatik (48:5), pp. 368–371.

Venkatesh, V., and Bates, J. 2007. "Enterprise Architecture Maturity: The Story of the Veterans Health Administration," MIS Quarterly Executive (6:2), pp. 79–90.

Vollmer, K. 2010. "The Forrester Wave™: Comprehensive Integration Solutions, Q4 2010," Forrester Research, Inc, Cambridge.

Anhang

Zuordnung von SOA-Produkten der Anbieter:

		Technologien								Release Jahr
		XML	WebServices	Service Bus	Registry	Orchestrierung	BAM	Rules Engine	SCA	
IBM	WebSphere Process Server 6.0 including WebSphere ESB			x				x		2005Q1
	WebSphere Application Server V7 Feature Pack								x	2009
	IBM WebSphere Business Integration Monitor						x			2003
	WebSphere Application Server 5.0.X		x		x	x				2002Q4
	WebSphere Application Server 3.5.X	x								2000Q3
Software AG	WebMethods ApplinX		x							2005
	WebMethods Insight						x			2008
	WebMethods B2B Integration Server 3.1	x	x							2000
	WebMethods Integration Server/ESB			x		x		x		2003
	WebMethods CentraSite				x					2005
	WebMethods CentraSite EE SCA Plugin								x	2008Q1
TIBCO	ActiveMatrix 2.0								x	2008
	ActivePortal		x		x					2001
	ActiveEnterprise	x								2001
	BusinessWorks 5.4					x				2007
	BusinessWorks 5.3			x						2006
	BPM Suite iProcess Decisions							x		2005
	BusinessFactor™ 4.2						x			2003
Oracle	Oracle XML Development Kit (XDK), Oracle Database 8i, 8.1.5, Oracle Applications InterConnect 3.0	x								1999
	Oracle Internet Application Server		x							2001
	Oracle SOA Suite 10g/ Oracle Enterprise Service Bus			x						2006
	Oracle Service Registry				x					2006
	Oracle BPEL Process Manager 10g					x				2004
	Oracle BAM 10g						x			2005
	Oracle Application Server EE mit Oracle Business Rules, 10.1.2							x		2004
	Oracle SOA Suite 11gR1								x	2009